英語が話せる人はやっている

魔法のイングリッシュルーティン

Miracle Vell Magic

ミラクル・ベル・マジック

KADOKAWA

English Routine

はじめに

PROLOGUE

英会話が上達しないたった1つの理由

この本を手にとっていただきありがとうございます。
きっとあなたは「英語をもっと話せるようになりたい」と思って、この本を開いてくれたことでしょう。

突然ですが、そんなあなたに質問です。
これまでどんな方法で英語を勉強してきましたか？

「さあ、勉強するぞ！」って気合いを入れて、机に向かって教科書を開いて、単語を暗記するために単語カードをつくったり、文法を覚えるために丁寧にノートをとったり……。きっとそんなふうに「覚える」ことを主体に学んできたのではないでしょうか。
もしかしたら、中には英語のテストではそこそこいい点が取れる人もいるかもしれません。でも、いざ話すとなると口から思うように英語が出てこない、もしくはちゃんと話しているつもりでも相手にうまく伝わらない。そのせいで「英会話って難しい」と思ってしまっていませんか？
そして、その原因を「勉強が足りないから」と考えているかもしれません。

シンプルに言いましょう。
英語を話せないのは、勉強が足りないからではありません。
「勉強をしないと英語が話せない」と思っているからです。

さらに言うと、話せないのはそもそも「話していないから」に他なりません。拍子抜けするかもしれませんが、英語が話せない理由はこんなごく単純なことなんです。

アウトプットはひとりごとがいい

「英語が話せない」と思っている人の多くは、インプットに比べてアウトプットの量が圧倒的に足りていません。日本では特にこの傾向が強いと思います。

そしてアウトプット、すなわち英語をしゃべる量を増やすのに最も効率的なのは「ひとりごと」です。

なぜ、ひとりごとだと思いますか？

後ほど詳しくご説明しますが、**英語を人前で話すことは、多くの日本人にとって、恥ずかしいことだからです。**

英語を話すとき、ついこんなことが気になってしまったことはないでしょうか？

「自分の発音ってヘタクソ……」
「文法ってこれで合ってるのかな？」
「ジェスチャーってつけた方がいいの？」

なぜ、こんなことを意識してしまうかというと、**相手がいるからです。**

ネイティブの先生でも、友だちやクラスメイトの前でも、そこに相手がいるとどうしても「完璧な英語」をしゃべろうとしてしまうことってあると思います。これでは話す量は増えないし、何より「英語を話す＝楽しい」というイメージを持てないですよね。

しかし、これがひとりごとになると……どうでしょう？

英語をしゃべるとき、誰も見ていません。先生もいません。つまり、あなたは失敗し放題 !!　テキトーな英語を話しても恥ずかしくなんかないのです。すると、英語を話すハードルがグッと下がる気がしませんか。

圧倒的な量の英語を話すためには、これぐらい気楽な環境から始めるのが最も効率的なんです。

わたしは、単語帳や文法書を使ったインプットよりも、ひとりごとを通してアウトプットすることを主体に英語を学んできました。その結果、たった１年で、ネイティブに通じる自然な英語を話せるようになりました。

英語をしゃべれるようになりたいなら、何よりもまず、英語を口に出すことです。そうすれば、言いたいことを英語で言えるようになるし、発音だって英文法だって、どんどん上達していきます。

留学しなくても、英会話スクールに通わなくても、毎日のスキマ時間を利用して、日常使いの自然な英会話力がみるみる育っていきます。

「本当に !?」って思った人へ。その秘密の方法を知りたいなら……早速、ページをめくって魔法のルーティンを始めましょう！

2021年6月

Miracle Vell Magic

CONTENTS

 ひとりごと英語　特別音声について

本書に収録されているひとりごと英語を著者が読み上げた音声を聴くことができます。

使うシーンがパッと頭に浮かんでくる「感情つき」の音声を参考にして、一緒にしゃべりながら読み進めてください。

記載されている注意事項をよくお読みいただき、下記のサイトから無料ダウンロードページへお進みください。

https://www.kadokawa.co.jp/product/322007000737

上記の URL へパソコンからアクセスいただくと、mp3 形式の音声データをダウンロードできます。「魔法のイングリッシュルーティン」のダウンロードボタンをクリックしてダウンロードし、ご利用ください。音声のトラック名は本文中の マークの番号と対応しています。

abceed アプリとの連携により、スマートフォン再生にも対応しています。

詳細は上記 URL へアクセスの上、ご確認ください（ご使用の機種によっては、ご利用いただけない可能性もございます。あらかじめご了承ください）。

【注意事項】

- 音声のダウンロードはパソコンからのみとなります（再生はスマートフォンでも可能です）。携帯電話・スマートフォンからはダウンロードできません。
- 音声は mp3 形式で保存されています。お聴きいただくには mp3 ファイルを再生できる環境が必要です。
- ダウンロードページへのアクセスがうまくいかない場合は、お使いのブラウザが最新かどうかをご確認ください。
- フォルダは圧縮されていますので、解凍した上でご利用ください。
- なお、本サービスは予告なく終了する場合がございます。あらかじめご了承ください。

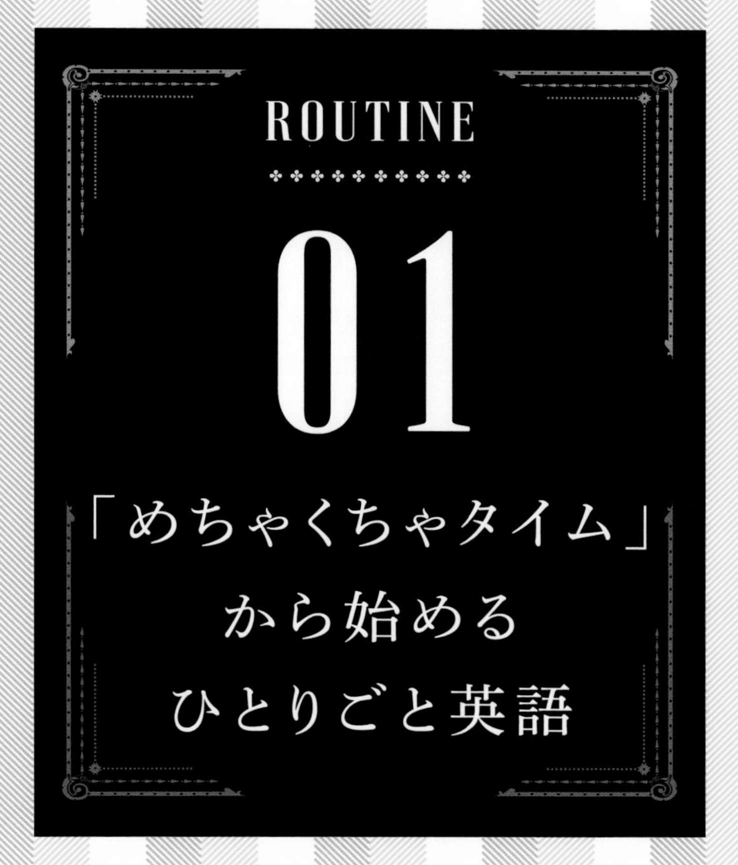

ROUTINE

01

「めちゃくちゃタイム」から始めるひとりごと英語

身の回りの英語を口に出そう

話さないと話せない

日常英会話で強みになるのは、**今、自分が考えたり感じたりすることを英語にできる力です**。文法的に正しい英語である必要はナシ！　とにかくしゃべるのが目的だからです。

どんなに教科書を暗記しても、英語でしゃべったことがないと会話で思うように口が動きませんよね。
ですので、**英語を話すためにはとにかく英語をしゃべって、口を動かすことを優先してください**。

そのために、今から「めちゃくちゃタイム」と決めて、何でもいいので英語でひとりごとをしゃべってみましょう。

めちゃくちゃタイムはその名の通り、あえて文法や発音を意識せず、自由気ままに英語を口に出す時間です。

「そんなの効果あるの？」と思った方、騙されたと思ってやってみて！
このめちゃくちゃタイム、案外楽しくて、すぐに効果を実感できるものなんです。次の 3 Step にならってやってみてください。

誰でもできる！　英語でひとりごとの 3 Step

Step 1　知っている英単語をどんどん口に出す

まず最初に、自分が知っている英単語を、頭に浮かんだ順番に口に出してください。この「めちゃくちゃタイム」では発音が合っているかは気にしなくても大丈夫。ただし、**棒読みで発音するのではなく、音声を聴きながら「英語っぽさ」を意識して発音するのがポイントです。**

めちゃくちゃでいいので恥ずかしがらず、ネイティブになったつもりで、オーバーに口を動かしながらしゃべりましょう！

Question  コンビニに売っているもので、英語で言えるものは？

01-01

umbrella
（傘）

popcorn
（ポップコーン）

ice cream
（アイスクリーム）

chocolate
（チョコレート）

rice ball
（おにぎり）

salad
（サラダ）

lip balm
（リップバーム）

magazine
（雑誌）

milk
（牛乳）

Question 2 英語名を知っている動物は？

cat
（猫）

dog
（犬）

bird
（鳥）

monkey
（猿）

dolphin
（イルカ）

elephant
（象）

sloth
（ナマケモノ）

rabbit
（ウサギ）

Question  英語名を知っている果物は？

apple
（リンゴ）

banana
（バナナ）

strawberry
（イチゴ）

pineapple
（パイナップル）

orange
（オレンジ）

Question  英語で言える国の名前は？

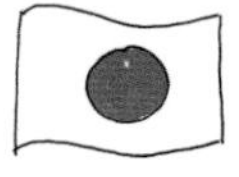

Japan
（日本）

United States of America
（アメリカ合衆国）
会話ではAmericaと
言われることが多いです

Canada
（カナダ）

France
（フランス）

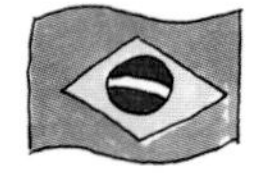

Brazil
（ブラジル）

Step 2 目についたものを英語でどんどん口に出す

次に、部屋の中にあるものや街中で目についた看板などの英語を、手あたり次第どんどん口に出してみましょう。「英語ハンター」になったつもりで意識して見渡せば、英語は身近にたくさん見つかるはずです。

部屋の中

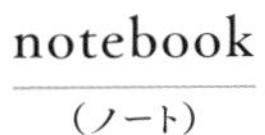

notebook
（ノート）

body cream
（ボディクリーム）

candle
（キャンドル）

hair mist
（ヘアーミスト）

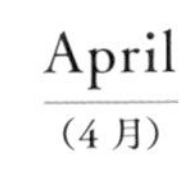

April
（4月）

organic
（オーガニック）

softener
（柔軟剤）

toothpaste
（歯磨き粉）

外、街中

01-06

coffee shop
（コーヒーショップ）

subway
（地下鉄）

No smoking
（禁煙）

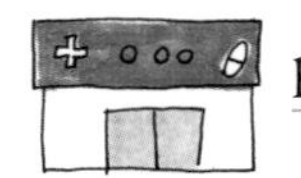

pharmacy
（薬局）

emergency exit
（非常口）

Shibuya
（渋谷）
日本語だけど英語っぽく発音！

emergency ladder
（避難はしご）

Step 3 頭に浮かんだ英語フレーズをどんどん口に出す

続いて、思い出せる英語フレーズを浮かんだ順にしゃべってみましょう。中学のときに習った「あの有名なフレーズ」から、Thank you. といった日本語に交ぜてふだん使っているものまで。何でもいいので口に出してみて。たとえば、次のようなフレーズならパッと頭に浮かびますよね。

01-07

中学英語、ここから始まったよね（笑）

This is a pen.（これはペンです）

Thank you very much.（どうもありがとう）

I like you.（あなたが好き）

My name is ○○.（わたしの名前は○○です）

How are you?（元気？）

May I help you?（いらっしゃいませ）

You're welcome.（どういたしまして）

What is this?（これ何？）

国際線のフライトで聞かれるやつ（笑）

Chicken or beef?（チキンとビーフどちらにしますか？）

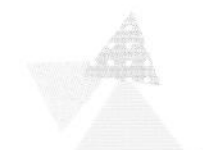

もっとめちゃくちゃにしゃべってみる

めちゃくちゃでいいとはいえ、いざ口にしようとするとつい「そうはいってもなるべくちゃんとしゃべらないと」って思っちゃうものですよね。

そこで、英語が詰まった「めちゃくちゃの壺」を用意しました。発音が下手くそだっていい、同じものを何回読んでもいい。**できるだけな〜んにも気にせず、壺の中の英語を目についた順にしゃべってみて！**

めちゃくちゃタイムの英語の壺

どうですか？　たったこれだけのことですが、ちょっとだけ「英語を話した！」っていう実感を得られませんか？

英会話の第一歩はこんなふうに、教科書や参考書がなくても簡単に踏み出せるものなんです。

自由にしゃべる「めちゃくちゃタイム」

机に向かわずできる勉強法

わたしは高校生の頃、この「めちゃくちゃタイム」を実践しながらの自撮り動画にハマっていました。先ほど紹介した3 Stepから少し発展して、自分のしゃべりたいことをめちゃくちゃな英語でしゃべり続けていました。

今もその映像が残っているのですが、ぬいぐるみを小道具に使ってひとりで遊びながら……。

当時はまさか、こんなふうにお披露目することになるとは思ってもみなかったのでちょっと恥ずかしくもありますが(汗)。「めちゃくちゃタイムってこんなものでいいんだ！」と思ってもらうため、内容を公開しちゃいます。

動画でしゃべっているのはこんな英語です。

The song name is 'Part of Your Word'. Listen my songs!! ♪ lalala ～.
(その曲名は「パート・オブ・ユア・ワード」。わたしの曲達聴け！
♪ラララ～)

The song name is（その曲名は）は伝わらなくはないけど……ちょっと

不自然。The name of the song is（曲名は）が自然な言い方です。
あと world（世界）の発音ができなくて、word（言葉）になってしまっているうえ、「〇〇を聴く」は listen to 〇〇なので本来 to までがセットです。
さらに、songs って複数形になってるのはおかしいし、そもそも my songs って、あなたの曲じゃないよ、ベル！　と（笑）。

言いたかったことを自然な英語にするとこんな感じ。

I'm gonna be singing "Part of Your World" from *The Little Mermaid*. Hope you like it!
（『リトル・マーメイド』から、「パート・オブ・ユア・ワールド」を歌います。楽しんでくれるといいな！）

比べてみるとわかる通り、まさに自由奔放なめちゃくちゃタイムというわけです。
今ならこうして自然な言い方に添削できるけど、当時はもちろんそんな知識はありません。ちょっと不自然な伝わらない英語ですが、とにかく楽しかったからこうして自撮りして遊んでいました。
文法の知識はほとんどないまま、ただ英語っぽいものをしゃべることに夢中になっていたんです。

わたしが英語学習の入り口で実践してきたことは、**そうしてひたすら英語でひとりごとをしゃべることでした**。

英会話は歴史ではなく体育的な科目

テストでいい点を取れる英語と英会話の違い

ひとりごと英語は「英語を話せるようになる」最も効率がいい方法です。

というのも、**英会話は「歴史」のように勉強や暗記が重要になる科目というよりは、運動することで身体を鍛える「体育」的な科目だからです。**

英語の発音は話すことでしか上達しません。だって、Rの発音1つとっても英語は日本語にはない舌の使い方をしますよね？　発音の仕方を知識として知っていても、これまで使ったことがない筋肉を使ってその音をいきなり出せるでしょうか。どんな達人でもきっと無理。

さらに、**会話には瞬発力も必要です**。口から英語を出すことに慣れていなければ、とっさの受け答えができません。言葉が出てこなければ会話はそこで止まってしまいます。

ここで1つ理解してもらいたいのは、「テストでいい点を取るための英語力」と「英語を話すための英語力」は全く違うということです。

テストでいい点を取るためには「正確な英語の知識」が必要ですが、英会話においては「間違っていても、すぐに英語が口から出てくるというスピード」のほうが重要です。

たとえば、アメリカに行って現地でタクシーに乗るとき、目的地を伝えるためには次のような言い方があります。

Can you take me to JFK Airport, please?
（JFK 空港まで行ってもらえますか？）

英語のテストならこれが正解。でも、実際は次のような一言で会話は成立します。

To JFK Airport, please.
（JFK 空港まで）

手元に地図やスマホがあれば、行きたい場所を指差しながら次のように言っても十分伝わります。

To this place, please.
（この場所まで）

つまり、コミュニケーションするうえでは、必ずしもきちんとした文になっていなくてもいいということ。

そしてこれは日本語でもそうですが、**日常会話は意外なほどシンプルな言葉の組み合わせでできていて、難しい言葉や言い回しはほとんど使われません**。ふだん友だちや家族とどんな言葉で会話をしているか、思い浮かべればわかりやすいと思います。

「はじめに」でもお伝えした通り、この本で紹介するのはテストでいい点を取るための英語力ではなくて、コミュニケーションができる英語力を最短で身につける方法です。

そこで、これまでの英語の勉強法からは離れて、新鮮な気持ちで英語と向き合ってみてください。そうした意味で、**まずは何でもいいので英語っぽいひとりごとをしゃべり、口を動かすことが大切になってくるんです**。

ひとりごと英語は失敗し放題

ひとりごとは日本人に最も合った英語学習法

スピード感を持って英語が話せるようになるためには、**とにかく英語をしゃべる量が必要になります**。つまり、ふだんからどれだけ英語をしゃべっているかが大事！

「英語を話す」というと、英会話教室に通ったり、オンラインの英語レッスンを受けたりと、人と話す機会をつくる必要があると考えるかもしれませんが、わたしはひとりごとから始めることをオススメします。

なぜかというと、ひとりごとならいつでもしゃべれて、しかも失敗し放題だからです。

誰でも慣れないうちから対面で英語を話すって、ちょっとプレッシャーになりますよね。それに加えて、日本では人前で英語を話す際に、「文法が正しいか」「発音がキレイか」を多くの人が意識しすぎてしまう傾向があると思います。

このため、たとえ相手が日本人であっても、「人前で英語を話すのは恥ずかしい」という感覚がある人がほとんどです。そもそも英語を話す機会が少ないのに、これではますます英語を口に出すことから遠のいてしまいます。

高校生の頃、学校の英語の授業ではわざと棒読みで英語をしゃべっていました。みんなの前で英語っぽくしゃべって笑われるのがイヤだったから……。

みんなの前で英語を話すのって恥ずかしい。そんなふうに感じたことってありませんか？

だからこそ、英会話はひとりごとで練習するのが最適なんです！ **ひとりでできるひとりごとなら、失敗しても、下手でどんなにかっこ悪くても、人に迷惑はかけませんし恥ずかしくもありません**。

英語をしゃべるハードルが一気に下がって、思いっきり英語に没頭できます。

「英語を話す時間」をわざわざつくる必要もなくて、気が向いたらいつでも自由にしゃべれるのがひとりごとです。圧倒的な量をこなさなければ上達しない英会話に、ひとりごとはこのうえない練習法なのです。

✳ 留学やオンライン英会話よりひとりごとの方が話しやすい！

ROUTINE 02

「しっかりタイム」でもっとしゃべれるようになる

思ったことを英語にする

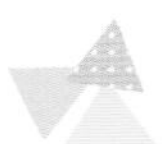

ひとりごとをしゃべるコツ

身の回りの目についた英語や、すでに知っているフレーズをしゃべるのはきっと誰にでもできること。では、ふだん心の中でつぶやいていることを英語にしようとするとどうでしょう？　途端に口が止まってしまう人は多いと思います。

そこで、ここからは思ったことを英語にする力を磨いていきましょう。

英語でひとりごとっていうと、どんな言葉が浮かびますか？

わたしはふだんから日本語でもブツブツひとりごとを言っているタイプだったので、それを英語にするのは割とスムーズだったんですが、そもそも日本語でもひとりごとを言わない無口なタイプなら、ひとりごと自体イメージしにくいかもしれません。

ひとりごとのコツはとっても単純で、「いま思っていることを口に出す」ってことです。

ここでもな～にも考えず「なんか暑くない？」とか、「この部屋汚いんだけどっ！」とか（笑）。そんな感じで十分OK。日頃、口には出さないタイプの人でも、心の中では案外おしゃべりなはず。その、**心の中のつぶやきを英語に変換すればいいだけです**。すると、どんな英語になると思いますか？

わたしならたとえば、こんな英語になります。

・外に出て空を見上げながら……

02-01

Such good weather!
（いい天気〜！）

・おっちょこちょいな人によくあること

02-02

Wait, where's my phone?
（あれ、スマホどこだ？）

・ランチ食べるのすっかり遅くなっちゃったときに

02-03

I'm starving.
（お腹すいた）

・シャンプー変えたらいい香りでテンションが上がった！

02-04

I really like the new shampoo!
（新しいシャンプー、かなりいい感じ！）

・たくさん歩いた日はこうなりがち

My legs are swollen.
（脚がむくんでる）

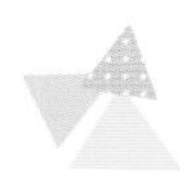

ひっかかりをつくったあとで調べる

ひとりごと英語はこんなふうに、短い言葉でいいから思ったことをとにかく、なんでも英語にしていきます。

でも、はじめのうちはそれが難しくて、つまずいてしまいがち。たとえば、朝起きたら寝坊しちゃったことに気づいたってときに「朝が苦手だから、いつも寝坊しちゃう」と思ったとしましょう。これを英語にしようとすると……口が止まっちゃいませんか？
「シンプルだから簡単に英語にできそう」って思っても、いざやってみると、「朝が苦手って……I'm not good at morning でいいの?」や、「寝坊って……あれ？　Sleep long だっけ?」のように、なんだかしっくりこない英語しか浮かばないってことになりやすいです。とりあえず、口に出してみたはいいけど、「これでいいのかな？」ってモヤモヤしちゃうはず。

でも、それでいいんです。安心してください。
実は、この「モヤモヤ感」が、英語の上達のために必要なんです！

「モヤモヤするからやーめた！」って思わずに、むしろ、たくさんモヤモヤするつもりで口に出してほしいのがこのステップです。
「よくわかんないけど、これでいいかな？」ってあんまり自信がなくても、言葉を飲み込まずにとりあえず口に出しておきましょう。**モヤモヤすることも含めて、次のステップにつながると思ってください。**

自分が「言おうとした言葉」を覚える

めちゃくちゃタイムは自分の中のハードルを下げて英語をしゃべる第一歩ですが、ずっとこのめちゃくちゃタイムをやっていても、それだけでは当然成長を実感できません。

そこで、登場するのが「しっかりタイム」です！
しっかりタイムは、めちゃくちゃタイムをやっている最中に疑問に思ったことやわからなかった英語を調べる時間です。

英語の勉強はこのしっかりタイム、つまり正しい英語を書籍やネットからインプットすることから入るのが一般的ですが、話せるようになることを最優先させるなら、まずはアウトプット、それからインプットという流れにするのがオススメです。

ひとりごととはいえ、言おうとしたことが出てこないってそこそこストレスになりますよね？　このひっかかりをもって調べるのと、ただ教科書通りに暗記するのとでは記憶の定着率が違います。

手当たり次第に単語帳やフレーズ集からインプットするよりも、言えなかった体験を通して調べるという流れの方が印象に残りやすいです。

しかも、自分が「言おうとした言葉」というのもミソ。

教科書や書店で売っているフレーズ集では、道の尋ね方や飲食店での注文の仕方のような、誰でも経験する場面を想定したうえでの定型フレーズが多く学べますよね？
もちろん、身につけておくと役に立ちますが、こうした定型フレーズは暗記しても、そのまま使えることが案外少ないものです。

たとえば、カフェで店員さんにWhat would you like to order?（ご注文は何になさいますか？）と聞かれて、Can I have a cup of coffee?（コーヒーをいただけますか？）と答えるフレーズを覚えても、いざ使う場面でコーヒーが飲みたい気分とは限りませんよね。

コーヒーではなく炭酸水が飲みたい気分だったとしましょう。すると「Can I have...」（あれ？　炭酸水って英語でなんて言うんだっけ？）と言葉につまってしまうわけです。

こんなとき、フレーズ集通りの表現よりも、sparkling water（炭酸水）という単語を覚えておいた方がスムーズに会話できるのがわかると思います。
炭酸水をふだんからよく飲む人は、ひとりごとのなかで炭酸水を英語で言えない自分に気づけるはずです。

単語はこんなふうに、自分の日常の延長線上にある言葉から覚えていくことを意識してください。
自分の周りにいつもあるモノやコト、自分はどんなものがスキで何がキライか、今どんなものにハマっているかなど。そういった身近にある言葉こそ優先して調べる価値があり、覚えておけば会話で使える生きた英語になります。

✳︎ フレーズ集通りの英語より、自分の言いたい英語が役立つ

ネットで検索！「しっかりタイム」の調べ方

スマホをフル活用する

しっかりタイムに調べることはめちゃくちゃタイムで言えなかったこと。そのために先にアウトプットしておくのが大事とお伝えしました。

では、その調べ方は？

ベストな方法は、辞書を広げるよりも何よりも、手っ取り早くネットで調べる！ これにつきます。やり方は簡単で調べたい言葉や単語のあとに「英語」とつけ加えてググるだけ。すると続々と辞書サイトや英語を解説しているサイトがヒットします。

ここで、**覚えておきたいのは言おうとしたことをそのまま英語にする方法です。**

たとえば、さっきの「朝が苦手だから、いつも寝坊しちゃう」。これを英語にしたいとしましょう。

検索のコツは文をなるべく区切ってシンプルにすることです。

「朝が苦手だから、いつも寝坊しちゃう」をシンプルにして区切ると、「朝が苦手。寝坊する」になります。

シンプルな文ができたら「朝が苦手　英語」と「寝坊する　英語」に分けてそれぞれGoogle検索します（このとき一番上に表示されるGoogle翻

訳の表現は無視してください)。

すると、「朝が苦手　英語」はI'm not a morning person.(わたしは朝型人間じゃない)という表現が出てきて、「寝坊する　英語」はoversleepという表現が出てきました。これをつなげると次のような英文ができます。

I'm not a morning person. I oversleep.
(朝が苦手。寝坊する)

まだ文としてはぎこちないですが、ここまでできればひとまずOK！これが最も簡単な言いたいことの調べ方です。

ちょっと難易度が上がる検索方法としては、英語が何パターンか出てきてどれを使っていいか迷うケース。たとえば「雨が降っていて憂うつだな」と言いたいとしましょう。

「雨が降っている　英語」でググるとIt's rainingだとすぐにわかっても、「憂うつだ　英語」に関してはI'm melancholy. やI feel gloomy.、I'm depressed.などいくつかの言い方がヒットしました。

ここで使えるのが次のようなサイトです。

・DMM英会話なんてuKnow?

このサイトでは、日本人から寄せられた「これ、英語でなんて言うの？」という疑問に、ネイティブや日本人の英語講師の方が答えています。

実際に英会話で使われる表現が多く紹介されているし、どの回答が一番支持されたかまで見ることができるので、自分が言いたいニュアンスに合った適切な英語表現を見つけやすいです。

それぞれの言葉のニュアンスを見ていくと、melancholyはちょっと文学的な表現でgloomyは「薄暗い／陰気な」という意味、depressedは「うつ状態」というような少し強めの言葉で、気軽に使うのにあまり向いていないということがわかってきます。

「文学的って感じでもないし、気軽に言いたいからgloomyかな」。そう思ったら、It's raning. のあとにこれをあてはめて、次のようなオリジナルの英文が完成しますね。

It's raining. I feel gloomy.
（雨が降っている。憂うつだ）

こうしてできた英文を、「いまこの気分がI feel gloomy. っていう状態なんだ！」と身体に覚えこませるように何度も口にしてください。

正しい発音も聴いておき、「英語っぽく」言うこともお忘れなく（正しい発音の調べ方は Routine 05 の Lesson 01 で詳しく説明しています）。

さらに、せっかくつくった英文はスマホのメモに残しておくようにしましょう。1日1文でも覚えれば、1カ月で約30、1年で365個のフレーズが身につきます。ちなみに、わたしがつくっている英語のスマホメモはこんな感じ！

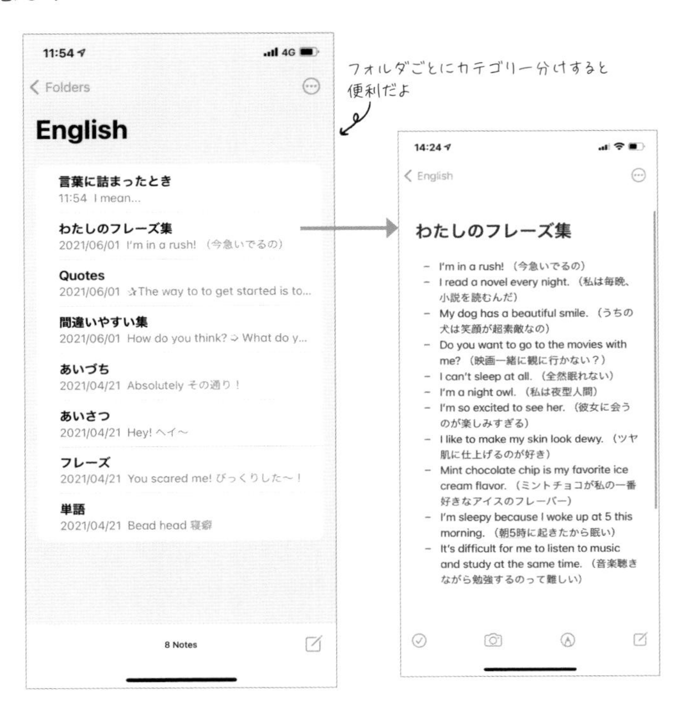

朝起きた瞬間から英語をしゃべる

ひとりごとは、いわずもがなひとりのときにしゃべるもの。でも、毎日仕事や学校、塾などで忙しいと、1日を通してひとりになる時間が意外と少ないっていう人もいるかもしれません。

だからこそ、**今日からひとりになったらすかさず、いつでもどこでも英語をしゃべるようにしましょう**。

ここまで紹介した「めちゃくちゃタイム」と「しっかりタイム」を毎日のルーティンにすれば、魔法にかかったみたいにどんどん英語に慣れていきます。

とはいえ、この習慣を身につけることこそが最も難しいのも事実。人って「よし！　やるぞ」って決心しても、実際はなかなか続けられないですよね……。

そこでオススメしたいのが、「**毎朝、起きた瞬間から英語をしゃべるようにする**」ってことです。

朝、起きたときの気分ってしばらく引きずっちゃうものではないでしょうか？　「昨日、夜ふかししてダルいわ〜」って思ったらお昼くらいまでは低めのテンションが続いたり、朝からいい天気だったら「今日はなんかいいことありそう♪」って思えたり。朝の気分ってそんなふうに1日のモチベーションに影響しやすいですよね。

そこで、毎朝起きた瞬間の第一声を英語にするっていう簡単なルールだけ守ってみてください。これがひとりごと英語をルーティンにするのに効くんです。朝、必ず目にする場所、たとえば目覚まし時計や洗面台などに一言小さくSpeak Englishって書いておきましょう。これだけで、なるべく英語をしゃべろうっていう意識が自然と芽生えてくるはずです。

それでは朝から夜まで、1日を通してひとりごと英語をしゃべるとしたら、どんなオリジナルフレーズができるでしょうか？　次ページから、わたしがよくしゃべるひとりごと英語のリストを紹介します（わたしが使わなくても、これ使いそうってものも入れてあります）。音声を聴きながら、マネしてしゃべってみて！

1日のひとりごとリスト

おはようって、ステキな言葉。
口に出すことでいい1日が始まるよ！

・おはよう　Good morning!

・あくびが止まらない　I can't stop yawning.

あくびのあとにぽつりと一言

洗面所に向かって歩きながら！

・歯磨きしよう　I'm gonna brush my teeth.

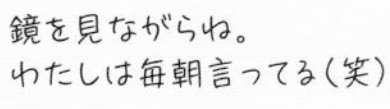

鏡を見ながらね。
わたしは毎朝言ってる（笑）

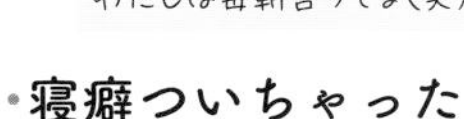

・寝癖ついちゃった　I've got bed head.

comb はコンブって読みたくなるけど、コーム

・髪とかさなきゃ、絡まってる！　I need to comb my hair. It's tangled!

look good で「見栄えがいい」。
毎日自分を褒めてあげてね

・うん、いい感じ　OK, looking good.

オフィスでも言えそうなひとりごと。わたしはコーヒーが飲めないので言ったことないけど……悔しい（笑）

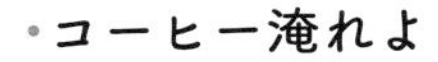

・コーヒー淹れよ　I think I'll make some coffee.

・ああもう！コーヒーこぼした！　Oh shoot! I spilled my coffee.

oh shoot は、oh shit を柔らかくした表現

02-07

バタバタしながら、自分を急がせるためにつぶやいてみて

・急がなきゃ！ I have to hurry!

絶対遅れられない用事のときに。can't を強調して言ってね！

・遅れるわけにはいかない I can't be late.

・ひとりごとが止まらないや I can't stop talking to myself.

って言いながらひとりごとをどんどんしゃべってくださいませ

ちょっと長いけど、焦らずゆっくり言えば大丈夫よ

・友だちのインスタ投稿にコメントしよ I'm leaving a comment on my friend's Instagram post.

お腹が鳴ったらチャンス！すかさずこの言葉を！

・お腹ぐーぐーいってる My stomach is growling.

お店を探しながら……献立を考えながら……

・ランチ何食べよっかな？ What should I eat for lunch?

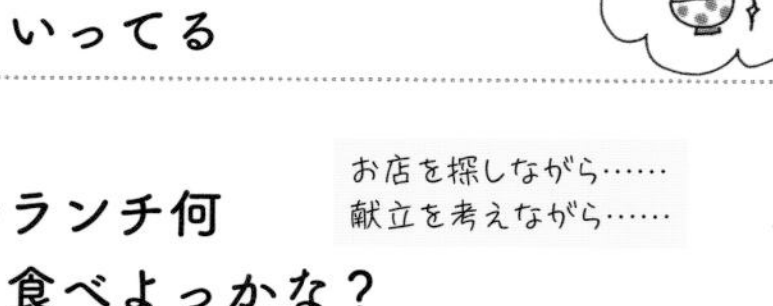

・ディズニーソングが聴きたい気分 I feel like listening to Disney songs.

わたしはディズニー好きなんですが、あなたの好きな音楽を to のあとに入れてみて

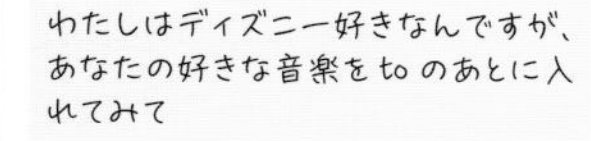

・やばい、スマホの充電切れる！ Oh no, my phone's gonna die!

直訳すると「スマホが死ぬ！」って言ってる。ネイティブがよく使う表現！

02-08

時計の方を振り向きながら……
スマホを取り出しながら……

- 今何時だろ？ What time is it?

家に誰もいなくても言っちゃおう

- ただいまー！ I'm home!

- ヘトヘトだ～ I'm exhausted.

この言葉と一緒に1日の疲れを
吐き出してしまおう

キッチンで腕まくりしながら

- 夕飯はサラダつくろう I'll make a salad for dinner.

- 冷蔵庫からっぽじゃん！ I have nothing in my fridge.

fridge は refrigerator の短縮語。
カジュアルな会話ではいつも
fridge が使われるよ

- 食べすぎた I ate too much.

ちなみに too much を so much に変えれば、ポジティブな「いっぱい食べた」というニュアンスになるよ

温かくて気持ちい～い
お風呂を想像しながら……

- 今夜は温かいお風呂に入りたいな～ I wanna take a nice hot bath tonight.

- 体重増えたかも I might have gained weight.

might have が入ることで、「あれ、増えたかも……？」
というニュアンスになる

02-09

自分に優しい言葉をかけてあげられるのが、ひとりごとのいいところ！

・まいっか！　すべてのカラダは美しいのだ

Oh well! Every body is beautiful.

・友だちに電話しよ

I'm gonna call my friend.

たとえばVellって名前の友だちがいたら、I'm gonna call Vell. でオッケー

髪の毛を触りながら

・髪すごい伸びたなぁ！

My hair grew so much!

・寝る前にちょっと運動しよ

I'm gonna work out a little bit before bed.

よっこいしょと立ち上がりながら

・さてアラームをセットしよう

Time to set my alarm!

ちなみに、わたしはSiriでアラームをセットしてるよ。Hey Siri, set an alarm for 7. やHey Siri, wake me up at 7. と言えば完了。ラクだし発音の練習にもなってオススメ！

・おわり！

何かを終えたときにはいつもDone! が使えるよ

Done!

・寝落ちしそう……

I'm about to pass out...

真っ暗な部屋、お布団の中でスマホを見ながら……

・おやすみ！

Good night!

自分に、今日も1日お疲れさまって気持ちを込めてね♡

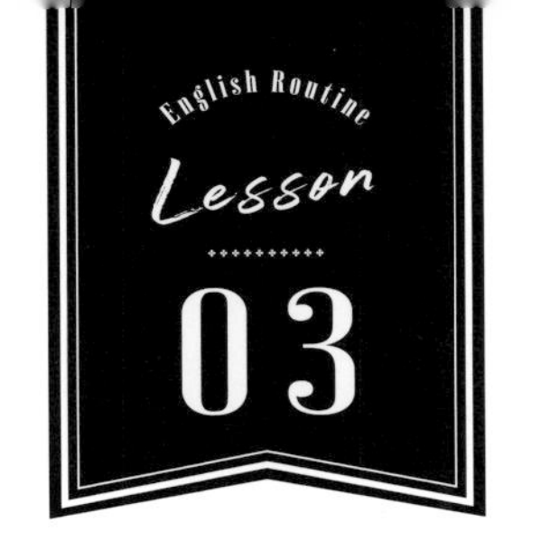

感情をのせると覚えやすくなる

印象に残りやすいしゃべり方

自分の思っていることや感じていることを英語でしゃべるときは、ネイティブになったつもりで全力で感情をのせて、表情やジェスチャーも大げさにしてみてください。

英会話は体育的に感覚をつかみつつ覚えるもの。まじめに無表情で話しても、あまり身にならないとわたしは思います。**口だけでなく、ココロとカラダもセットにして、自分の中から感情を引っ張り出すイメージで英語をしゃべってこそ印象に残りやすくなります**。

英語にはDance like nobody's watching.（誰も見ていないかのように踊れ）というステキな言葉があります。世界中からダンサーやパフォーマーたちが集まってくるアメリカの街中でよく見かけるフレーズで、「人目を気にせずに人生を味わいつくそう」という意味が込められているそうです。

わたしが紹介するひとりごと英語のモットーは、この言葉を借りて**Speak English like nobody's watching.（誰も見ていないかのように英語をしゃべろう）**。

自分を思い切り表現するつもりで言葉に感情をのせてしゃべれば、楽しみながら学べるだけでなく、英語が身につくスピードも早くなります。

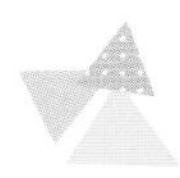

表情やジェスチャーも大げさに！

たとえば、こんなふうにしゃべるのがお手本。表情豊かに、ジェスチャーも大きくしゃべれば、英語が口にもカラダにも染み込んでいく感覚を味わえます。

It's boiling hot today.（今日、猛烈に暑い）

I can't believe this!（信じられない！）

I’m bored.（退屈だ）

I don’t know.（知らんけど）

What's going on here? (何が起きてるの？)  02-14

It's so good! (おいしい！)  02-15

こんなふうに動作を加えて、思いっきり英語をしゃべってみて！　感情をのせると、固い表情でしゃべるより英語をしゃべったっていう感覚が強くなりませんか？

発音も自然と英語っぽさが増してくるはずです。

おうち留学する

ふだん目にするものを英語にする

ひとりごと英語のしゃべり方がわかったら、続いてやってほしいのが「おうち留学」です。「留学したら英語が話せるようになる」っていうけど、本当に「留学しないと話せるようにならない」のでしょうか。

ここで留学先の環境ってどんなものか、少し考えてみることにしましょう。

アメリカに行ったとしたら身の回りは当然、英語で溢れているはずですよね。聞こえてくるものも目にするものもすべてが英語。でもそれって、**自分の部屋に限定すれば、わざわざアメリカに行かなくてもできそうって思えてきませんか**？

たとえば、自分の部屋にいながら「まるでアメリカのカフェ」にいるみたいな環境をつくるにはどうすればいいでしょう。部屋にはいつもNetflixやYouTubeを活用して英語の番組を流すようにしたり、英語の曲をBGMにしたりすれば、特に注意して聴かなくても、耳に入ってくるのは英語の雑音になります。

壁に英語のポスターやカレンダーを貼ったり、英語のファッション誌やアメコミを置いたりすれば、目にも自然と英語が入ってくるようになりますよね。

そうやって「ふだん目にするものを英語にしてみる」っていうだけで、

特別な場所に行かなくても毎日英語に触れることはできます。

しかも、身の回りの英語は好きな海外アーティストの曲を選んだり、お気に入りの映画にまつわるもので満たしたりすれば、英語を学ぶモチベーションはきっと高まります。

おうち留学を楽しむコツは、そんなふうに「好きなもの」と「英語」を掛け合わせて、ときめきを詰め込んだオリジナリティ溢れる部屋をつくることです。

これからは、英語学習するのに最も最適な場所は、ひとりごとに没頭できる自分の部屋。だからこそ、自分の部屋を「早く帰りたい」って思えるくらいお気に入りの英語で満たしてみて！　それがおうち留学のスタートです。

一番よく見るスマホも英語設定に

休み時間や寝る前など、スキマ時間についだらだらスマホを見てしまうという人は多いのではないでしょうか？　SNSやショッピングサイトを見ていたらあっという間に何時間も過ぎていたって、あるあるですよね。

ならば、ついつい見てしまうクセを逆に利用して、ここにも英語を仕込んじゃいましょう。

設定方法はこちら。

● iOSの場合

「設定」→「一般」→「言語と地域」→「iPhoneの使用言語」でEnglish、もしくはEnglish (UK) に変更

● Androidの場合

「設定」→「システム」→「言語と入力」→「言語」→「言語を追加」→「English」でUnited States、もしくはUnited Kingdomに変更

注：2021年6月時点の情報です。

もちろん、iPhoneの場合はSiriも、Androidの場合はGoogleアシスタントがしゃべる言語も英語に設定してくださいね。
やってみるとわかると思いますが、スマホの言語を英語にするだけでもひとりごと英語を話すための気づきをたくさん得られます。

たとえば、「完了」はdoneになります。これを応用すれば、「テスト全部終わったー！」はExams are all done! になるといったように、ひとりごと英語に応用することができます。
他には「設定」がsetting、「明るさ」がbrightness、「壁紙」がwallpaper、「通知」がnotification、「支払い」がpaymentと表示されるようになります。

「バッテリー」や「プライバシー」などカタカナの日本語英語でインプットしていた言葉も、表記がbatteryやprivacyと英語になると、自然と脳内再生されるのが英語の発音になってこないでしょうか？　こうして少しずつ英語との距離を縮めていくことができます。

わたしは高校生の頃に「おうち留学する」って決めてから、**当時まだガラケーだった携帯の言語を英語に設定したのですが、それ以来10年間、一度も日本語に戻さずにキープしています**。
はじめのうちはわからない英語だらけで使いにくかったけど、わからないときは調べながら、なんとか英語に慣れていきました。英語に設定したときに、「困っても絶対、日本語に戻さない」ってちょっとした覚悟を決めていたんです。

そもそも、本当に留学したらスマホだけでなくすべて英語なわけなので、そこでいちいち「う〜ん、英語わからないからもう日本に帰ろう」なんて簡単にはいきませんよね。そう考えれば、スマホだけ英語にするっていうのはとってもラクに思えてきませんか？

参考までに、よく使う英語のスマホ用語の一覧を用意しました。一度スマホを英語設定にしたら、「日本語に戻したい〜」って気持ちになってもぐっとこらえて、次の表に知りたい言葉がないか探してみましょう！

スマホで使われている単語一覧

機内モード	Airplane Mode
ドライブモード	Do Not Disturb While Driving
モバイル通信	Cellular
留守番電話	Voicemail
電話番号	Phone Numbers
連絡先	Contacts
履歴	History
アプリ	Apps
メモ	Notes
フラッシュライト	Flashlight
写真	Photos
ビデオ	Videos
お財布	Wallet
音声	Audio
アクセシビリティ	Accessibility
環境設定	Preferences
着信音	Ringtone
バッテリー残量	Battery Percentage
スヌーズ	Snooze
時計	Clock
日付	Date
時間	Time
おやすみモード	Do Not Disturb
パスワード	Passwords
パスコードを入力してください	Enter your passcode
パスワードの表示	Show passwords
位置情報	Location

アカウント	Account
追加	Add
アップデート	Update
ストレージ	Storage
詳細	Advanced
緊急SOS	Emergency SOS
検索	Search
言語	Language
入力	Input
選択	Select
自動入力	AutoFill
自動調整	Adaptive
バックアップ	Backup
セットアップ	Setup
編集	Edit
完了	Done
デバイスを探す	Find my device
メールボックス	Mailboxes
受信	Inbox
送信済み	Sent
下書き	Drafts
アーカイブ	Archive
迷惑メール	Junk
ゴミ箱	Trash
削除	Delete
通知	Notifications
一般	General
共有	Sharing
インターネット共有	Personal hotspot
テザリング	Tethering
プリント	Printing

わたしが推奨する英語学習法は、楽しみながら進めることが最優先！
だからくれぐれも、入り口でハードルを上げすぎて「英語がキライになる」ことがないようにしてほしいと思います。

でも、無理のない範囲でいつも自分に少し英語の負荷をかけるっていうことはぜひ、念頭においてみてください。「日本にいながら留学する」っていう感覚を、楽しみながら味わってくださいね。

ROUTINE

03

ひとりごと英語にちょっとしたスパイスを加える

妄想のネイティブ友だちをつくる

妄想友だちとひとりごとで会話する

ここまで相手を想定せずにひとりで英語をしゃべる方法を紹介してきました。はじめは新鮮な気持ちで続けられても、これだけだとそのうち飽きちゃいそうですよね。
ひとりごと英語にとって一番致命的なことは「飽き」です。

いかに楽しく取り組めて自分のモチベーションをキープできるかは、そのままルーティンにできるかどうかの分かれ道。
では、どうすれば飽きずにひとりごと英語を続けられるでしょう？

そこで提案したいのが、ひとりごと英語をしゃべるときの設定や場所を変えていろんな角度からしゃべってみるっていうことです。
味に飽きちゃった料理にスパイスを加えて味変するみたいに、ひとりごと英語もずーっと同じ方法でやるんじゃなくて、いろんなスパイスを加えて新しいやり方を考えてみてください。

たとえば、わたしが編み出した方法がこれ。**「架空のネイティブの友だちをつくって、ひとりで妄想会話する」っていうことです！**「会話で使う英語」をしっかりタイムで調べておけば、リアルな会話でそのまま使えるボキャブラリーが増えていきますよね。これは、かなり実践的な英会話力が育つオススメの方法です。

「妄想で会話!? しかもネイティブの英語なんて難しそう」と思ったのではないでしょうか? ひるむ必要はまったくありません。なぜって、ひとりごとだから（笑）。あくまでネイティブっぽさを意識してしゃべるだけです。
「でも、ネイティブが使う英語を知らないし……」って思うなら、まずは初対面でネイティブがどんなやりとりをするか、実際の会話でありそうな例を少し紹介したいと思います。

初対面で話す妄想会話

Hi, I'm Vell!（ベルよ！）

Hi, I'm Erik!（僕はエリック！）

Nice to meet you.（よろしく）

Nice to meet you, too.（こちらこそよろしくね）

Where are you from?（どこ出身なの？）

I'm from Tokyo!（東京だよ！）

Woah, Tokyo! Cool! I've been there once, and I absolutely loved it.（東京か！ いいなぁ！ 一度行ったことあるけど、最高だったよ）

Oh really? Glad you liked it. So you travel a lot?
（え、ほんとに？ 気に入ってくれてよかった。旅行はよくするの？）

Well, not very often, but I try to. What about you?
（ん～、そんなに頻繁にではないけどね、できるだけ。君は？）

Oh I love traveling! I've been to like... at least 20 countries so far.（わたし旅行大好きなの！　今までに少なくとも20カ国は訪れてるはず）

What! That is incredible!（なんだって！　それはすごいや！）

So, what do you do?（あなたは何してる人？）

I'm in fashion.（ファッション業界で働いてるよ）

とこんな感じ。カジュアルなシーンで自己紹介する場合、My name is ○○. っていう言い方はあまりしません。ネイティブふうに自己紹介するなら、○○に自分の名前を入れて笑顔で次のように言えばOK。

Hi, I'm ○○!（○○です！）

そのあとにNice to meet you. をつけたら、会話の入り口としては十分です（先にNice to meet you. とお互いに言い合って名のるパターンもあります）。

どうでしょう。案外シンプルで簡単だと思いませんか？　**注目してほしいのは、中学校で習う簡単な英語が多く使われていることです**。

ネイティブの会話って、実はそんなに難しい言い方ばかりするわけじゃありません。**すでに知っている英語の組み合わせで会話が成り立つことも多いんです**。

そして日本語も英語も、初対面で交わす内容にそんなに大きな違いはありません。お互いを知り合うための質問をしながら、それにリアクションし、会話が進んでいくのがわかると思います。

つまり、英語の会話とはいっても、日本語だとこんなときになんて言うかな？って考えてみて、それを簡単な英語に変換すればいいだけのことです。

「どこ出身？」と「職業は？」に答えられるようになる

少しつけ加えるなら、英語圏では人と会ったときにまず、Where are you from? って聞かれることがとっても多いです。なので、今ここで、この質問に答えられるようになっておきましょう。

答え方は、I'm from Japan.（日本からだよ）、もしくは、もっとカジュアルに言うなら、Japan. の一言でも十分通じます。
他にも、次のような言い方を覚えておくと便利です。

I'm originally from Japan, but I live in America.
（日本出身だけど"今は"アメリカに住んでる）

もし、日本国内で聞かれたならこれを応用して、I'm originally from Tottori, but I live in Tokyo.（鳥取出身だけど東京に住んでる）という言い方ができますね。
地元に住んでいるなら

03-03

I was born here and have lived here my entire life.
（生まれも育ちもここだよ）

my entire lifeは「生涯ずっと」という意味

と言えば伝わります。

そして、出身地以外によく聞かれるのは職業です。会話ではWhat do you do?（何してるの？）という言い方をしますが、初対面でこう聞かれたら職業を聞かれていると思ってください。
これに対しても、I work in the apparel industry.（アパレル業界で仕事をしています）なんて長ったらしい言い方はせずに、次のように短く答えるのがネイティブっぽくて自然です。

ここを自分流に変えてね

I'm in fashion.
（ファッション業界で働いてるよ）

自分の職業も、「OLだけど……あれ？　英語でOLってなんて言うんだっけ？」とか、「アルバイトってそのまま英語で通じるの？」とかって、英語にできなくて会話が途切れやすいものです。**あらかじめ自己紹介するシーンを想定して、しっかりタイムで調べておけば、言いたいことがすんなり口から出てくるようになります**。

ちなみに、OLはOffice Ladyの略ですが、日本語特有の表現のためそのまま英語にしても通じません。I'm an office worker. というのが正解で、これは男女問わず使える言い方。「アルバイトしてるよ」は、I work part time. と答えましょう。学生だったら、I'm a student. と言えば伝わります。

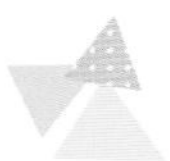

「趣味は何？」へのネイティブふうな答え方

さらに、**初対面で会話が盛り上がるきっかけになるのは、趣味についての話題だったりしますよね**。

リアルな会話ではWhat do you do in your free time? のように聞かれ、これは直訳すると「自由な時間に何するの？」となりますが、つまり「趣味は何？」という意味です。

もしくは、What do you do for fun? という言い方もあって、これも同じ意味。

こっちから質問したいときも、What's your hobby?（hobbyは「趣味」という意味）よりは、上記のどちらかを使った方が自然です。

答えるときは次のような言い方を参考にして、自分ならどう答えるか考えてみてください。

・「趣味が映画を観ること」なら……

I watch movies.
（映画を観るよ）

・趣味が「ショッピングすること」なら……

03-06

I go shopping.
（ショッピングに行くよ）

・「ペットと遊ぶのが好き」なら……

03-07

spend time with ○○ で「○○と一緒に時間を過ごす」

I love to spend time with my cat.
（ペットの猫ちゃんと戯れるのが大好きなの）

・「カフェで友だちとしゃべるのが好き」なら……

03-08

I usually go to Starbucks with my friend, grab a cup of coffee, and talk for hours.
（よくスタバに友だちと行って、コーヒー頼んで、何時間もしゃべるの）

I usually ○○で「わたしはふだんは○○（する）」という意味。「わたしはふだんは6時に起きる」ならI usually wake up at 6.。grab a cup of coffeeは直訳すると「カップのコーヒーをつかむ」となるけど、grabはもっとカジュアルな意味で日常会話によく使われる！ Let's go grab a cup of coffee and talk.は「コーヒーでも飲みながら話そう」。Let's go grab lunch and talk.なら「ランチしながら話そう」

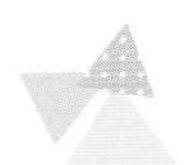

初対面で話す英語を3分間妄想してみる

もっと妄想してみましょう。ネイティブと初対面で会話するなら、自己紹介や趣味の話題の他にどんな話をすると思いますか？

天気の話題でしょうか？　それとも、学校や仕事についての話でしょうか？　話す内容は、誰の紹介で会ったかや会った場所、またどんなシチュエーションで会ったかにもよりますよね。妄想力を働かせて、想像できるいろんなパターンを思い描いてみてください。

できるだけ具体的に、人や場所まで細かく設定して考えてみると、そこでどんな会話が生まれそうか見えてくると思います。

まずは日本語で考えて……次にそれを英語に変換！　これを繰り返していれば、妄想とはいえリアルな会話で使える英語のストックがどんどん増えていきます。

わたしがこの妄想会話を始めたのは、高校生の頃に家族でグアム旅行することになったのがきっかけでした。当時、映画『ハイスクール・ミュージカル』にハマっていて、英語を勉強し始めたばかり。海外旅行には小さい頃に行ったことがあったけど、英語を意識して行くのはそのときが初めてでした。

「もしかしたら、グアムでトロイみたいにステキな男の子に会っちゃうかも～♡」って思ったら期待が膨らんで、「旅先でこんな出会い方をしたい」とか、「自己紹介では英語でこんな話しをして仲良くなりたい」とかって妄想が止まらなくなりました。そこで、「こんな話をするなら、この英語を覚えておかないと」っていう気になって、相手とコミュニケーションをとるための英語をたくさん調べて覚えたんです。その作業は全く苦にならなかったし、むしろワクワクしながら脅威の集中力で取り組めました！

グアムでは、そうやって覚えたことがちゃんと活きて、初めて現地でチャモロ人の方と英語でコミュニケーションできたときは嬉しかったです。ただ、相手は60歳くらいのおじさまで、恋に落ちるようなシチュエーションではありませんでしたが（笑）。

今から３分間、そんなふうになんでもいいから自分が楽しくなるネイティブとの初対面の会話を妄想してみてください。

わたしはまだ英語がわからないうちからこれをよくやっていて、「ジョニー・デップと会ったらなんて話そう」とか、「朝起きたらタイムスリップしてた！　英語でなんて言おう！？」とか。いろんな妄想をしながら英語をしゃべっていました。

Where?
（どこで？）

With who?
（誰と？）

What's the topic?
（どんな会話？）

妄想会話を発展させていく

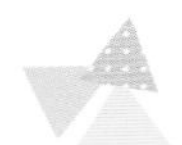

妄想友だちに名前をつけて仲良くなる

初対面で話す自己紹介のような形式がある会話は、あらかじめイメージしやすいですよね。でも、お互いを知り合ったあとに話す内容は形式なんかないフリートーク。

英会話となると「このシーンではこれを聞かなきゃいけない／話さなきゃいけない」って型にはまったイメージを持ちやすいですが、英語も日本語と同じで、会話にルールなんてありません。**自分が聞きたいことを自由に聞き、話したいことを自由に話して構わないものです**。

でも、「自由に話していい」って言われると、それはそれで「どんなふうに話せばいいんだろう」って迷っちゃいませんか？
そこでわたしは、フリートークで使える英語を身につけるために、妄想のネイティブ友だちに「レイチェル」っていう名前をつけて仲良くなることにしました。

架空の友だちレイチェルは、講義を抜け出してトイレに行ったときや周りに誰もいなくなったときなど、ひとりになるとどこでも現れる神出鬼没なキャラクターです。そして、たとえばこんな妄想会話を繰り広げていたんです。

レイチェルとの妄想会話 ～ひとりになったとき編～

03-09

Hey Vell!（ハーイ、ベル）

Rachel! Heyyy! What's up?
（レイチェル！　ヘーイ！　最近どんな感じ？）

Not much. How's everything?（変わりないよ～。調子どう？）

Pretty good, except for the exams. I have no time to sleep.
（いい感じだよ、テストのことを除けばね。ほんと寝る時間ない）

Uh-oh. I know it's hard, but you have to sleep!
（あーらら。大変だとは思うけどさ、寝なきゃだよ！）

I know! I need my beauty sleep.
（ほんとよね！　美容のためにも睡眠とらなきゃ）

Speaking of sleep, how's that new pillow you bought online?
（睡眠といえば、この前オンラインで買ってた枕どう？）

Oh, it's the best pillow I've ever used in my entire life. I totally recommend.（あのね、今まで使った中で最高の枕だよ。めちゃくちゃオススメする）

Haha OK, I'm buying one. Anyways, don't push yourself too hard, OK?（あはは、じゃあわたしも買うわ。まぁとりあえず、頑張りすぎないでね？）

Thank you Rachel.（ありがとね、レイチェル）

I'm always here for you. Well then, I'm going to class, so see you later!（いつだって味方だからね。それじゃ、授業に向かうからまたあとでね！）

Later! Love you!（あとでね！　ラブユー！）

こんなふうに、ふだん友だちと話すみたいなリアルな会話を妄想しつつ、それを英語にするっていうことにトライしていました。もちろん、はじめからスムーズには話せないので、めちゃくちゃタイムとしっかりタイムを行ったり来たりしながら……ハードルを上げすぎず自由気ままに！　**とにかく「真面目にしゃべろう」なんて思わずに、続けることを目的にゆる〜くやってみるのが飽きないコツです**。

ちなみに、レイチェルとは学生時代から大好きな女優のレイチェル・マクアダムスからとった名前でした。

ここで、「妄想なんてふだんしないし」という人に向けて妄想エキスパートのわたしから、妄想が膨らむアドバイスを少し（笑）。妄想友だちは、ハマってる映画や海外ドラマのキャラクターを引っ張り出してきて、人物像にリアリティを持たせれば持たせるほど、しゃべりたくなる会話のイメージが浮かんできます！

妄想友だちと電話する

もう1つ、とっておきの妄想会話の方法を紹介します。それは、散歩しているときや駅から家までの帰り道など、外でひとりになったときにひとりごと英語をしゃべる秘密の裏ワザ。「電話で話しているフリして妄想会話する」っていうことです。

今ってイヤホンをつけていればハンズフリーで通話ができますよね。信号待ちで隣にいる人が突然ひとりでしゃべり始めたらびっくりしちゃいますが、イヤホンをしていれば「なーんだ、電話してるのか」って納得してもらえそうって思いません（ニヤリ）？

こんなスキマ時間こそ、ひとりごと英語にうってつけというもの。小道具を使ってちょっとした演出をしながら、スキマ時間もちゃっかり有効活用しちゃいましょう。

わたしはこれをよくやっていて、一度、成人式で知り合いにバッタリ会ったときに「この前、電話で英語話してたよね。カッケー！」って言われてドキッとしたことがありますが（笑）。

レイチェルとの妄想会話 ～電話してる「フリ」編～

相手が答えてるという設定の間もちゃんとあけてリアリティを出してみたり

Heyyy! How was your day? ……
（へーィ！　今日はどんな日だった？）

Mine was crazy. I'm gonna tell you all about it.
（こっちはクレイジーな日だったよ。もうぜんぶ話させて）

So what are you up to? ……
（今何してるの？）

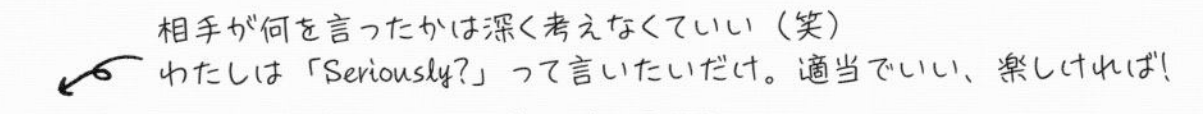

Seriously? Well, don't try too hard, OK? ……
（え、まじで？　まぁでも、頑張りすぎないでよね）

Me? I'm on my way home. Gosh, these stairs kill me every time!
（わたし？　わたしは家への帰り道なうだよ。ああもう、この階段毎回きっつい）

相手に、どこいるの？って聞かれた設定。ちょうど階段登ってた

Wait, is that what I think it is? ……
（待って、あれってもしやあれだったりする？……）

街中を歩いてて見覚えのあるものを見つけた

IT IS! It's a billboard of Taylor's new album!
（あれだわ！　テイラーの新しいアルバムの看板！）

Yeah I know, the album was so good. I loved every single song in it.
（うんうんわかる、最高のアルバムだよね。一曲残らず好きだったよ）

相手が「あのアルバムめっちゃいいよね!」って言った設定

Alright, I got home now. I have some stuff to do, so can we talk later? OK. Nice. Bye!（よしゃ、家に着いたなう。ちょっとやることがいくつかあるから、あとでまた話せる？　おっけい。いいね。じゃね！）

玄関の鍵をごそごそ探しながら…… 毎回、家に着いたら会話が終わるっていうルールだった

『73 Questions』を マネしてしゃべる

セレブな英語をしゃべってみる

妄想会話もマンネリ化してちょっと飽きてきたって思ったら、**次はセレブな英語をしゃべってみるのはどうでしょう**？

『73 Questions』をご存じでしょうか？

『73 Questions』とは、ファッション誌『VOGUE』で、インタビュアーがハリウッドスターや有名アーティストなどセレブに73個の質問をするという名物コーナー。ネットで配信されている動画で、一問一答でポンポン会話が進んでいきます。わたしはこのコーナーが大好きでいつも楽しみに観ています。

ぜひ一度、動画を観てみてほしいのですが、質問と回答の掛け合いのテンポがなんともリズミカル！　これはネイティブのリアルな会話に近いスピード感っていう感じで、ただ聞くだけでもリスニングの耳を鍛えるのにちょうどいいと思います。おうち留学のBGMにするのもよし。
『73 Questions』ではこんなやりとりをします。

【Kendall Jenner（ケンダル・ジェンナー）への質問と回答】

※アメリカの有名モデル

Q. Do you have a secret beauty tip?
（秘密の美容法はある？）

A. Drinking tons of water.
（水をたくさん飲むことよ）

Q. Do you have a secret hobby?
（秘密の趣味は？）

A. Photography.
（写真よ）

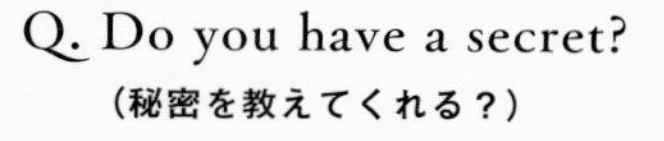

Q. Do you have a secret?
（秘密を教えてくれる？）

A. If I told you it wouldn't be a secret anymore.
（あなたに言ってしまったら、秘密じゃなくなってしまうわ）

Q. What are you doing immediately after this interview?
（このインタビューが終わったら、何をする？）

A. Going to the gym, this body doesn't do it itself.
（ジムに行くわ。努力ありきの体よ）

とこんな感じ。

セレブの意外な一面を知れるのも面白いですし、返答がウィットに富んでいてセンスのいい切り返しにも興味津々！　やみつきになって観ているうちに「わたしもこんなふうにしゃべってみたい」って頭をよぎり……セレブになりきって『73 Questions』をマネしてみたんです。

『73 Questions』でインタビューされているつもりで、テンポを意識しながら浮かんだことをできるだけスピーディに英語に変換して答えてみるっていうひとりごとですが……、やってみると、これはなかなか英会話の練習に最適でした。

会話のシミュレーションだと思って、相手がいることを意識しながらポンポン答えていくのがコツです。

さらに、このやりとりの中でも英語について色々と学べることがあります。たとえば、セレブへの質問でWhat is your spirit animal ? とよく耳にしますが、これは「自分を動物にたとえると何？」っていう意味です。この質問に「猫。マイペースだから」って答えたいとしましょう。割と簡単に英語にできそうな気がするけど、「マイペース」は和製英語なので、そのまま my pace と英語にしても同じ意味にはなりません。

マイペースを英語でなんというかしっかりタイムで調べれば、I do things at my own pace. や I'm my own person. っていう表現が見つかります。これを当てはめると、Cat. Because I do things at my own pace. / I'm my own person. のように答えられることがわかりますね。つまりここでも、「言いたいことを英語にする」っていうきっかけづくりができます。

さて、そんなわけであなたも『73 Questions』に出ているセレブになったつもりで、次の『Questions』に答えてみてください。**一度、YouTubeで動画を観てみて、テンポ感をつかんでからやると効果的です**。

AとBの英語の回答例を用意したので、自分に合う方の答えを選んで、ネイティブの会話のリズム感を意識しながら回答してみましょう。

質問の例文はふだんの会話でもそのまま使えるものを多く入れているので、答える練習が終わったら、質問部分もネイティブっぽく読み上げてひとりごとで練習してみてくださいね。

ぴったりな回答がなかったら、あとで振り返ってスマホを片手に「しっかりタイム」で英作文をしてみるっていうのにもチャレンジしてみて。

こうしてひとりごとで実際に相手がいることを想定した英会話の練習をしていくことで、少しずつ、リアルに近い形で話せるようになっていきます。

あなたへの『Questions』

Ａ とＢの回答を見て自分に合う方をできるだけ早く判断して、声に出してテンポよく答えてみましょう。それではスタート!!

03-11

Q1. Hey, how are you doing?
（ハーイ、調子はどう？）

A. Pretty good!
（いい感じだよ！）

B. Not that bad.
（悪くないよ）

Q2. Did you sleep well last night?
（昨日はよく眠れた？）

A. Yeah, I had a great sleep last night.
（うん、昨日はすごくよく眠れたよ）

B. Not really, I always have trouble falling asleep.
（あんまりかな、いつも寝つきが悪いんだよね）

Q3. What are you up to today?
（今日は何するの？）

A. I'm working today.
（今日は仕事だよ）

B. Today is my day off!
（今日は休みなんだ！）

Q4. Do you have plans for this weekend?
（今週末は何か予定ある？）

A. Yeah! I do, and I'm excited about it.
（あるよ！　楽しみにしてる）

B. Nothing in particular.
（特に何もなし）

03-12

Q5. Hot chocolate or coffee?

(ホットチョコレートとコーヒー、どっちが好き？)

A. Hot chocolate. I always want my drink to be sweet.
(ホットチョコレート。いつだって甘い飲み物がいいの)

B. Coffee. It's an energy booster for me!
(コーヒー。わたしのエネルギーを高めてくれる！)

Q6. When it comes to food, do you like everything?

(食べ物は、なんでも食べられる人？)

A. Yes, I eat anything and everything.
(うん。なんでもかんでも食べちゃうよ)

B. No, I'm very picky when it comes to food.
(いや、食べ物の好き嫌いは結構あるなぁ)

Q7. How do you like to spend your birthday?

(誕生日はどう過ごす？)

A. I would love a birthday party with all of my friends.
(友だちみんなとバースデーパーティーをしたいかな)

B. I like to spend my birthday with my family.
(誕生日は、家族と過ごすのが好きだな)

Q8. Do you have any siblings?

siblingsは日本語でいう姉・妹・兄・弟すべてを指す便利な表現

(兄弟姉妹はいる？)

A. Yes, I have a ○○.
(うん。○○がいるよ)

ここにsister(姉・妹)／younger sister(妹)／brother(兄・弟)／younger brother(弟)を入れてね

B. I'm an only child.
(ひとりっ子です)

03-13

Q9. What's your nickname?

(あなたのニックネームは？)

A. I'm called ○○. ← ここに自分のニックネームを入れてね

(○○って呼ばれてる)

B. I actually don't have a nickname. Give me one!

(実はニックネームないんだよね。つけて！)

Q10. When are you the most inspired?

(一番インスピレーションを受けるのはどんなとき？)

A. When I'm listening to music.

(音楽を聴いてるとき)

B. When I'm talking with someone I respect.

(自分が尊敬してる人と話しているとき)

Q11. Sweet or savory?

(甘いのとしょっぱいの、どっちが好き？)

A. Sweet!

(甘いの！)

B. Savory!

(しょっぱいの！)

Q12. Describe yourself in a hashtag.

(自分のことをハッシュタグで表して)

A. #superoptimistic

(超ポジティブ人間)

B. #shyshyshy

(とにかくシャイ)

Q13. What's your favorite genre of movie?
(好きな映画のジャンルは？)

A. Thriller, like *Get Out*.
(『ゲット・アウト』みたいな、スリラー映画かな)

自分の好きな映画のタイトルを入れてしゃべるのにもチャレンジしてみて！

B. I love rom-coms! *Pretty Woman* will always be my favorite.
(ラブコメが大好き！ 『プリティ・ウーマン』は永遠のお気に入り)

Q14. What do you like to do on your day off?
(休みの日にしたいことは？)

A. Camping is my passion. I'm definitely an outdoor type!
(キャンプに情熱を注いでる。完全なるアウトドア派だよ！)

B. I'm an indoor person, so I just like to stay home and read books.
(インドア派だから、家でゆっくり読書するのが好き)

Q15. Window or aisle seat?
(窓側の席と通路側の席、どっちが好き？)

A. Window seat, because I just like to admire the view.
(窓側の席。景色をうっとりと眺めたいから)

B. Definitely aisle seat. Better access to the bathroom.
(絶対通路側の席。すぐトイレにいけるからね)

Q16. How do you start your day?
(1日の初めにすることは？)

A. I brush my teeth.
(歯磨き)

B. I grab my phone and go on social media.
(スマホを手に取ってSNSをチェック)

03-15

Q17. If you had magic power, what would you do?
(もしも魔法が使えたら何をする？)

A. I would fly like a bird in the sky.
(鳥のように空を飛びたい)

B. I would transform into a mermaid and swim everywhere!
(人魚になって泳ぎ回る！)

Q18. Sunrise or sunset?
(日の出と日の入り、どっちが好き？)

A. Sunrise. I like to wake up early and see the start of a new day.
(日の出。早く起きて、新しい1日が始まる瞬間を見るのが好きなんだ)

B. Sunset. It makes me realize how beautiful the day was.
(日の入り。今日がどんなに素晴らしい1日だったのかを気づかせてくれるから)

Q19. What makes you smile?
(何があなたを笑顔にしてくれる？)

A. Watching animal videos on Instagram. I could watch them all day.
(インスタで動物の動画を見ること。1日中見れちゃう)

B. My friends. They're the best.
(わたしの友だち。みんな最高なんだ)

Q20. If you could take one thing with you to a desert island, what would you bring?
(無人島に何か1つだけ持っていけるとしたら何を持っていく？)

A. My phone, obviously.
(スマホだね、間違いなく)

B. Lighter. You always need fire to survive, you know?
(ライター。生きるためには火が必要でしょ？)

03-16

Q21. What do you want to do once you learn how to speak English?

(英語を話せるようになったら何をしたい？)

A. I want to make friends from all over the world.

(世界中に友だちをつくりたい)

B. I want to watch Hollywood movies with no subtitles and fully understand them!

(字幕無しでハリウッド映画を観て、完璧に理解したい！)

Q22. Blow dry or air dry?

(髪はドライヤー派？　自然乾燥派？)

A. Blow dry. It's faster, and better for hair.

(ドライヤー派。早く乾くし、そっちの方が髪にもいいし)

B. Air dry. I'm just so lazy.

(自然乾燥派。とにかくめんどくさがり屋なんだ)

Q23. If your life was a song what would the title be?

(もしもあなたの人生が歌になるとしたら、その曲名は？)

A. "Nocturnal". Because I never sleep at night.

(『夜行性』。常に夜更かしだから)

B. "Hungry Jamboree". I'm always hungry, and I love food.

(『ハングリージャンボリー』。いつもお腹が空いてるしごはんが大好きだから)

ROUTINE 04

ひとりごと英語を盗む

海外ドラマから盗む

海外ドラマは「使えるフレーズ」の宝庫

ひとりごとに使うボキャブラリーを増やすために、難しい参考書を読んだり単語カードをつくったりすることは必ずしも必要じゃありません。もちろん、いろんな角度から英語を勉強するっていうのはためになることだし、姿勢としてはとっても大切です。

でも、もし「英語の参考書見るのツライ」や「単語カードつくるの面倒」ってなってしまっていたら……他の方法を試してみるのはどうでしょう？ボキャブラリーは楽しみながら増やせます！

ここでは、ふだん楽しんで見ているものから、ひとりごとに使える英語をちゃっかり盗んじゃう、いろんな手段を紹介していきたいと思います。

まず第一に、最もオススメしたいのが海外ドラマからフレーズを盗むことです。**海外ドラマには、日常会話でそのまま使えるフレーズが詰まっているので盗むのにうってつけ**。それに、英語の参考書と何時間もにらめっこしてるのはツライけど、海外ドラマなら延々と英語に触れていても苦にならないと思いませんか？

過去に『ストレンジャー・シングス』や『エミリー、パリへ行く』などにハマって、気づいたら丸１日経ってた！　なんて経験がある人もいると思います。何を隠そう、わたしも根っからの海外ドラマフリーク。高校生の頃からこれまで観てきたタイトルは数知れません。

今でも毎日「夜寝る前は海外ドラマか映画を観る時間♪」って決めています。そうして今、振り返ってみても、海外ドラマから英語を理解する多くのヒントを学べたっていう実感があります。

この本を読んでいる人の中にもきっと、わたしみたいに海外ドラマを観ることがすでにルーティンになっている人はいると思います。だからこそ、ただただ観るなんてもったいない！

これからは、海外ドラマを「１つでも使えるフレーズを盗む」っていう気持ちで観るようにしてみてください。その小さな一歩が、あなたのひとりごと英語をより洗練されたものにしてくれます。

『Stranger Things』のセリフを盗む

Netflixが配信する『Stranger Things（ストレンジャー・シングス）』は、言わずと知れた大人気シリーズ。男の子が行方不明になった事件を発端に、インディアナ州の小さな町で次々と怪奇現象が起こるというハラハラドキドキのSFホラーです。

そんな『Stranger Things』のセリフからフレーズを盗んでみることにしましょう。

『Stranger Things』

邦題：『ストレンジャー・シングス 未知の世界』
シーズン１～３、全25話【1話42–78分】

ホッパー警部は、のどかなホーキンスという町の警察署長という役どころ。次の英文は、朝、出勤したばかりのホッパー警部が、事件の報告を受けて口にするセリフです。

Mornings are for coffee and contemplation.
(朝はコーヒーと瞑想のための時間だ)

これは「朝くらいゆっくりさせろ」というニュアンスの一言。こんなさりげない一文にも、盗めるフレーズがあります。

セリフの頭にくるMornings are forというフレーズ。和訳と照らし合わせてみると、「朝は○○のためにある」という意味で使われているのがわかります。**英語を盗むときは、簡単な単語の組み合わせでできているところに注目してください**。

こんな言い方って、教科書ではまず目にしませんよね。でも、あとにくるcoffee and contemplationを自分流に変えれば、次のような言い方ができると思いませんか？

04-01

My **mornings are for** playing with my cat.
(わたしの**朝は**猫と遊ぶ**ためにある**)
Sunday **mornings are for** oversleeping.
(日曜の**朝は**寝坊の**ためにある**)

こんなふうにさらりと華麗にフレーズを盗んじゃいましょう。

「これって簡単に使えそう」っていうフレーズに出会ったら、キャラのセリフを自分なりのひとりごとに置き換えてしゃべってみるっていうのが盗み方のコツです。

『Gossip Girl』のセリフを盗む

『Gossip Girl』はニューヨーク・マンハッタンの一角にあるアッパー・イーストサイドを舞台に、超セレブな高校生たちが繰り広げる学園ドラマ。英語としては10代、20代ならではのスラングっぽい表現が多いのが特徴ですが、このドラマにハマってる当時、**同世代だったわたしにとって「自然でイケてる英語」も知れるいい教材でした**。

『Gossip Girl』にはたとえば、こんなセリフが出てきます。

『Gossip Girl』

邦題：『ゴシップガール』
シーズン 1 ～ 6、全 121 話【1 話 39–43 分】

If you're going to be sad, you might as well be sad in Paris.
（どうせ悲しむなら、パリで悲しみなさいよ）

これは、落ち込んでるブレアに対して、親友のセリーナがパリ旅行に誘うときに言うセリフです。聞いたとき「かっこいいなぁ。こんなセリフ、わたしも友だちに言ってみたいなぁ」ってすっかり気に入っちゃいました。

ここで注目したいのが might as well っていうフレーズです。might as well ○○は「○○した方がいいかもね」みたいな意味があって、次のように応用できます。

If you're going to pursue your dreams, you **might as well** enjoy pursuing them!
（夢を追いかけるなら、楽しんだ**方がいい**よ！）

The party was so boring that I **might as well** have stayed home.（家にいる**方がよかった**かもしれないぐらい、パーティーは退屈だったわ）

目についたフレーズをweblioで検索すれば、同じフレーズを使った例文が出てきます。そこで、might as wellの前後にどんな英語がきているか、できるだけたくさん例文を見てみてください。**例文を見れば見るほど、どんなシーンで使われるかがイメージしやすくなり、使い方のコツをつかめてきます**。そこから自分の言いたいことに当てはめて、こうやってアレンジできるようになるんです。

こんな感じでハマってるドラマのキャラになりきってしゃべってみるのも、気分が上がって楽しくなるスパイスになります！

『エミリー、パリへ行く』のセリフを盗む

『エミリー、パリへ行く』は、わたしの大好きな女優リリー・コリンズ主演のドラマ。憧れのパリに移住したキュートなエミリーが、夢の海外生活をおくる模様を描いたお洒落なコメディです。英語の原題は『Emily in Paris』。

『エミリー、パリへ行く』では、こんなセリフが出てきます。

『エミリー、パリへ行く』

原題：『Emily in Paris』
シーズン1、全10話【1話24–35分】
※シーズン2制作決定

Oh my God, I feel like Nicole Kidman in *Moulin Rouge*!
（なんてこと。ムーラン・ルージュのニコール・キッドマンになった気分だわ！）

パリに着いたエミリーが部屋の窓から街を見渡してつぶやく一言。とってもシンプルな英語だけど、これからの生活に期待をよせるエミリーのワクワク感が伝わってくるステキな一言ですよね。

シーンとセットでこのセリフをまるっと覚えているわたしは、こんどディズニーランドの『美女と野獣』のエリアに行ったときに、テンションが高まってこう口走るはずです！

from もよく使う

Oh my God, I **feel like** Belle in *Beauty and the Beast*!!
（なんてこと。『美女と野獣』のベルになった**気分だよ**!!）

ちなみに、わたしの「ベル」っていう名前は、子どもの頃に大好きだったディズニー映画『美女と野獣』のベルからとったもの。すごくワクワクしている気持ちが伝わる英語になると思います（笑）。

こうしてドラマのセリフからフレーズを盗んでおくと、日常のリアルなシーンでぴったりくる英語を使いこなせるようになります。

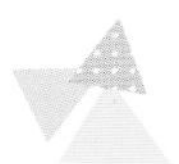

フレーズを盗む海外ドラマの見方

海外ドラマはNetflixやAmazon Prime、U-NEXTなどの動画配信サイトで観られますが、DVDで映画を観るときのように、**音声と字幕を日本語や英語に自由に切り替えることができますよね**。この便利な機能を英語学習に使わない手はありません。

英語を盗むときは、次のように1話につき2回観るのがオススメです。

①英語音声・日本語字幕で観る

1回目は日本語字幕で言っていることを理解しながら、英語はなんとなく耳に入れてください。引っかかる表現や気に入ったセリフがあればスマホに軽くメモしておくといいです。

②英語音声・英語字幕で観る

2回目は字幕を英語にして観ます。耳に入る英語を意識しながら字幕を読んでみましょう。キャラになりきって、口に出してみるとなおよし！　メモしておいた場面にきたら、どんな英語が使われているかに注目して、フレーズや英単語などを調べるきっかけにしてみてください。

そして、海外ドラマのセリフからフレーズを盗む際にちょっと頭に入れておきたいのが、**ドラマにはそのまま使うとちょっと失礼になっちゃうスラングも多く使われているってこと**。盗むときにはそのまま使えそうかどうか、言葉の性質にも少し目を向けてくださいね。

さらに「アメリカ英語」と「イギリス英語」の違いまで意識して観ることができれば、英語のひとりごとももっと楽しくなってきます。英語に慣れるとこの2つを徐々に聴き分けられるようになってきますが、入り口では「英語はぜんぶ英語」に聴こえるはず。**でも実際は、アメリカ英語とイギリス英語は、発音や単語にけっこう違いがあります**。

たとえば、tomato（トマト）をアメリカ英語では「トメィトゥ」のように言いますが、イギリス英語だと「トマァート」のように言います。また、単語自体が変わることもあって、「秋」はアメリカ英語ではfallですが、イギリス英語ではautumnを使うのが一般的です。

わたしが知っている中でアメリカ英語を話すハリウッド俳優は、ジェニファー・ローレンス、エマ・ストーン、ブレイク・ライブリー、ウィル・スミス、ブラッドリー・クーパー、ロバート・ダウニーJrなど。一方、わかりやすいイギリス英語を話すのは、ヘレナ・ボナム・カーター、エミリー・ブラント、ジュード・ロウ、トム・ヒドルストン、ベネディクト・カンバーバッチなどです。

自分がどちらの英語がしゃべれるようになりたいか決めて、お手本にするドラマを選んでみるのもいいかもしれません。

Twitterから盗む

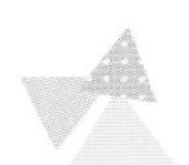

つくった英語をTwitterで「チェック」できる

SNSも英語を盗むのに大活躍するツールです。**SNSのいいところは、電車の中やちょっとした休憩時間なんかに、スマホさえあればいつでもどこでも英語が盗めるところです**。海外ドラマは落ちついて観られる環境が必要だけど、SNSなら思い立ったときに気軽にサクッと盗めます。

SNSの中でもTwitterならではのメリットは、自分でつくった英語が正しいかどうかチェックするのにすごく便利っていうところ。わたしは今でも頻繁にこの方法を使っていますが、知っておくとかなりためになります。

さっそくそのやり方を紹介しましょう。

たとえば、p.37で紹介したひとりごとフレーズがありますね。

I've got bed head.
(寝癖ついちゃった)

こうしたフレーズを「しっかりタイム」で調べてしゃべってみたはいいけど、何しろ、はじめのうちは英語について右も左もわからない状態。「これって本当にネイティブに通じる英語なのかな？」って自信が持てないこともあると思います。

そこで、自分でつくったフレーズが実際に使われているものなのかをチェックしたい、と思ったとしましょう。ここでTwitterの出番です。

やり方は簡単、Twitterの検索ボックスの中にI've got bed headを入れて検索するだけ。

すると、I've got bed headというフレーズが使われているツイートがピックアップされて、こんなふうにスマホの画面に表示されます。

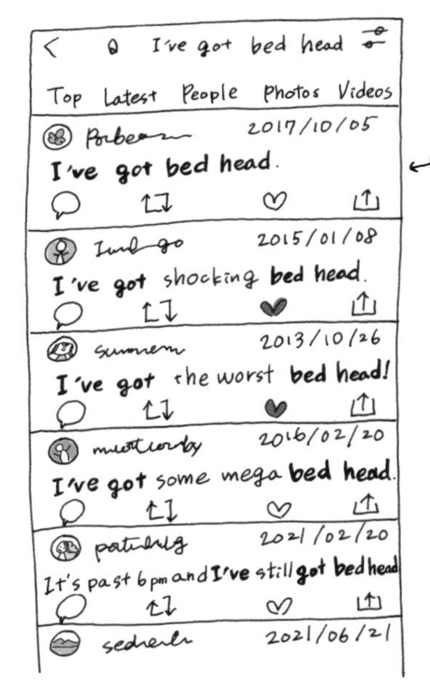

調べた単語やフレーズの部分だけ太字で表示してくれるので読みやすい！

上からスクロールしていくと、ネイティブらしい人のこんなツイートが目に留まりました。

I've got bed head to the max.

まずここで、I've got bed head という表現はちゃんと自然に使われてるんだなっていうことがわかって安心できますね。

ツイートは、日常でつぶやく誰かのリアルなひとりごとです。だから、**こうしてネイティブのツイートを参考にチェックすれば、「本当に自然に使われている表現かどうか」を知る1つの判断基準になります**。

上のツイートからはさらに、後ろに to the max をつけることもできるんだっていう新しい発見があります。でも、to the max ってどういう意味？っていう疑問が浮かんだら、チャチャッとコピペして「to the max 英語」でググる。すると、「極めて／非常に／超○○」という意味があることがわかりました。そしたら、I've got bed head の後ろに to the max がつく場合は、こんな意味だってことがわかってきます。

I've got bed head to the max. 04-04
（ものすごい寝癖がついちゃった）

なるほどって納得できて、「今度、寝癖がめちゃくちゃついてる日は、I've got bed head to the max! って言ってみよ～」って新しいボキャブラリーを盗めます。

Twitter は自分の英語をチェックできるだけじゃなくて、こんなふうにプラスαの言い方まで盗めちゃうスグレモノなんです！

ちなみに Twitter の言語も英語設定にすると、ネイティブのツイートを見つけやすくなります。

I've got bed head では他にも、こんなツイートが見つかりました。

04-05

I've got shocking bed head.
(ショック受けるぐらいの寝癖だわ)

思わずアハハって笑っちゃいそう。shocking(ショッキング)くらいだったら調べなくても意味がわかる。「この人はいったいどんな寝癖がついちゃったんだろう?」ってちょっと気の毒に思いながら、「なるほど、bed headの前にshockingなんていう言葉をつけても成立するのね」ってまた1つ、新しいことがわかりますね。

ここでふと「そしたら、"驚くべき寝癖"って言いたかったら、surprising bed headなんていうのもあり?」って考えが頭をよぎりました。そこで、surprising bed headはネイティブが使っている英語かどうか、またツイートを検索。すると、まったくヒットしない。「う〜ん、じゃあこれはあんまり言わない言い方なのかも?」って想像ができます。

このフレーズからは他にも……

04-06

I've got the worst bed head.
(史上最悪の寝癖がついた)

I've got some mega bed head going on.
(メガ級の寝癖という事態が起きている)

It's past 6 pm, and I've still got bed head.
(もう午後6時過ぎてるのにまだ寝癖がついてるという)

などなど、ネイティブならではのおもしろい表現がたくさん見つかりました! **どれも教科書には載ってない、会話でそのまま使える英語ばかりです。**

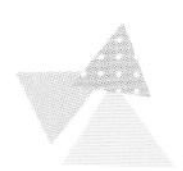

「a」や「the」がつくかつかないかもチェックできる

Twitterはフレーズを狙い撃ちして、ピンポイントで盗みにいける。ツイートがヒットしなかったら「この使い方はしないんだな」とわかるし、ツイートがたくさんヒットしたら「これはネイティブも使う自然な表現なんだな」ともわかる。しかも、「このフレーズの前後にはこういう言葉が入ってくるのか」というプラスαの情報も盗めるとお伝えしました。

Twitterはさらに、迷いがちな「a」や「the」がつくかつかないか問題も、サクッと解決できちゃいます。

たとえば、She gives me strength.（彼女はわたしに力をくれる）というフレーズを使うときに、「あれ、strengthの前って何もつけないでいいのかな？ aをつけるのかな、theをつけるのかな？」って迷うことありますよね。

そんなときも、「She gives me strength」で検索してみましょう。すると、strengthの前になんの冠詞（aやtheのこと）もついてないツイートがほとんどでした。ここで「よし、strengthの前には何もつけなくてOKね」とスッキリします。

単語のあとにsがつく複数形か単数形かってことも迷いがちなところですが、同じように調べれば、一般的にどっちが使われるのか判断できます。

Twitterはこんなふうに、つくった英語の「チェック」ができて、しかもいろんな角度から「プラスαの情報が盗める」って覚えておきましょう！

インスタから盗む

インスタは「お洒落な英語」の宝庫

インスタも、魔法のルーティンにとって頼りになるツールです。画像がメインのインスタは、何より目で見て楽しめるっていうのが大きな特徴ですよね。フレーズを取り入れるのも単語を学ぶのも、やっぱり楽しくなくちゃ続きません。

しかも、インスタのキャプションには、参考書ではあまり見かけないお洒落なフレーズがいっぱい。インスタからは、今最も旬な言い回しや教科書に載ってない単語を盗むことができます。

「Twitterは便利そうだけど、テキストばかりだとどうしても固まっちゃう」っていう人は、このインスタをメインに使ってもOK。たとえば、好きな海外アーティストやハリウッド俳優はいますか？　もしいたら、アカウントをばんばんフォローして。そうすれば、ネイティブの英語の投稿がタイムラインにどんどん流れてくるようになります。

ふだん使ってるアカウントでやりにくかったら、**新しく英語専用の別アカウントをつくるのもよし**。わたしも英語情報を集めるための学習用のインスタアカウントを持っています。インスタも積極的に学習に活用していきましょう。

インスタからお洒落な英語を盗む方法は、たとえばこんなやり方です。

ネイティブのアーティストやハリウッド俳優をフォローしていて、ある日こんな投稿があったとします。

I love outfits that make me feel like a princess.
（プリンセスみたいな気分になれる服が好き）

04-07

ここでひっかかるのは、outfitsっていう単語。その他のI love（愛してます）やmake me feel like a princess（プリンセスみたいな気分になれる）っていう英語はなんとなく意味がつかめるけど、outfitsっていう英語は見たことがありません。

そこで単語検索すると、洋服っていう意味だとわかりました。でも、学校で習った洋服の言い方はclothesですよね？　**どこに違いがあるのかなって思ったときに、Googleの検索結果にヒントがあります**。

clothesで検索すると、単純にずらっと並んでいる服の画像が多くヒットするけど、outfitsで検索すると、ファッション誌から飛び出したような画像やお洒落な服がたくさんヒットします。

ここで、「そうか、outfitsは単純に洋服ってだけじゃなくて、お洒落なシーンで使われる言葉なのかもしれない」ってふわっと理解できますね。インスタでもoutfitsをハッシュタグ検索すると、アパレルブランドやお洒落なファッションアカウントの投稿が続々ヒットします。しかも、outfitsっていう言葉を知った上で投稿を見ていると、服のことを話すときに割と頻繁に使われている言葉だとわかってきます。

わかってきたら、これもそのまま盗んで自分のボキャブラリーに加えちゃいましょう。**そして新しく取り入れた言葉は、新鮮なうちにアウトプットしてみることが大事！** たとえば、outfitsって言葉を入れて、しっかりタイムでつくった英文を自分もSNSで投稿してみるなど。**英語専用のアカウントでは、投稿するときも英語っていうルールを守ってみてくださいね。**

ちなみにp.90の英文は、「プリンセス」の部分を入れ替えれば、I love outfits that make me feel like a ○○（着ると○○みたいな気分になれる服が好き）っていうフレーズを抜き出して、こんなふうに応用ができるようになります。

04-08

I love outfits that make me feel like a rock star.
（ロックスターみたいな気分になれる服が好き）

I love outfits that make me feel like a Parisienne.
（パリジェンヌみたいな気分になれる服が好き）

知らない英語に注目してみる

こうして、インスタで今まで知らなかった表現を見つけたら、ピックアップして調べる習慣をつけてみてください。

他にも、コーヒーカップの画像とともにこんな投稿がありました。

This made my day!
（これのおかげで今日がいい日になったよ！）

made my day は、どれも知ってる簡単な単語の組み合わせ。検索してみると、これはフレーズとしてよく使われていることがわかりました。しかも、this を you に入れ替えて、You made my day!（あなたのおかげで今日は最高の一日！）とも言えるらしいプラスαの情報もゲット。これからは、誰かに感謝を伝えるときは You made my day! が使えそう。

続いてこんな投稿も発見！

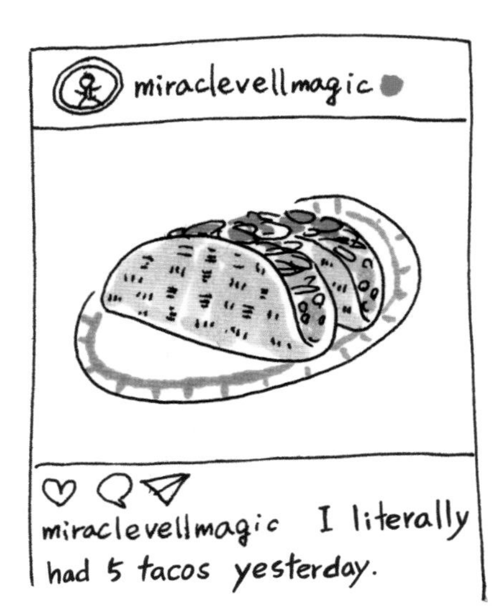

I literally had 5 tacos yesterday.
（昨日リアルにタコス５個食べた）

literally は「文字通り」という意味だけど……日本語に訳してみると、「昨日はタコス５個食べちゃった」って出てくる。そこで literally の使い方をネットで詳しく検索してみると、「リアルに」のようなスラングとしても使われるっていうことがわかりました。もし、literally がなかったら、I had 5 tacos yesterday.（わたしは昨日タコスを５個食べました）っていうただの状況報告になる。

５個がその人にとって多いのかどうかまでは特に伝わってこないけど、literally（文字通り／リアルに）って言葉が入るだけで「５個も食べたんだよ！！」って感じのニュアンスが伝わってきて、こういうのがまさにネイティブのリアルな言い方っていうイメージ。

まだまだ見ていきましょう。次は、仲が良さそうなツーショットの画像とともにこんな一言が。

Reunited with @ ○○！
（○○と再会！）

04-11

reunitedを調べると、「再会する」っていう意味だった。さらに例文をググってみたら、I'm happy that I can reunite with you.（あなたと再会できるのが嬉しい）と書いてあった。**「@」はSNSでよく使われる表現で、アカウント名のタグづけに使われます**。これも「今度、誰かと再会するときに使ってみよう」ってそのままボキャブラリーに追加できます。

さらに、こんな投稿もありました。

Summer vibes 🌴
（夏な雰囲気）

04-12

vibesという言葉は、インスタでよく見かける表現です。「雰囲気」とか「気分」って意味で使われることが多いみたいです。summer（夏）がいけるなら、きっとspring（春）もautumn（秋）もwinter（冬）もいけるんじゃないかって想像できますよね？

それに、投稿を見ていると、場所が持つ雰囲気に対してgood vibesやbad vibesのようにも使えるみたい。これは使いやすそうな言葉！ 自分でもすぐにアウトプットできそうって思えてきませんか？ これもぜひ、ボキャブラリーに加えておきましょう。

最後に、投稿者の気持ちが伝わってくるこんな投稿も紹介してみたいと思います。

I wish you were here, baby.
（あなたもここにいたらどれだけいいか……わたしのベイビーちゃん）

04-13

思わずキュンとしちゃうかわいいワンちゃんの画像と共に、こんな英語が。この人は旅行中に飼ってるペットが恋しくなっちゃったみたい。I wish you were here（あなたがここにいたらいいのに）は、恋人や友だち同士の間でよく使われるフレーズです。洋楽のタイトルや歌詞に使われることも多いから、どこかで聴いたことがあるっていう方もいるのではないでしょうか？

使うシーンがわかりやすいこんなフレーズも盗んでおいて損はありません。まるっと覚えたら、今会いたい人を思い浮かべて……早速、アウトプット開始です！

以上がインスタのお洒落なフレーズの盗み方です。気に入った表現は、スマホメモのフレーズ集に追加していくこともお忘れなく。からの、**覚えたての新鮮なうちに自分流のひとりごとをつくってみてSNSで投稿してみる（アウトプットする）っていうところまでルーティンにしてくださいね**。ちょっと一手間かかるけど、そうすることで脳への定着率が全然違ってきます。こんな感じで、インスタからもじゃんじゃん英語を盗んじゃいましょう！

ROUTINE 05

発音もひとりごとで鍛える

発音は全部モノマネでいい

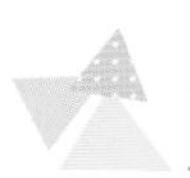

「weblio」を使ったモノマネトレーニングの方法

発音の練習というと、「LとRの舌の使い方を覚えよう」とか、「やっぱ、難しいのはVとかFとかTHとか……」って発想になりがちです。でも、いったんそこはあと回し！　そこから入ると文字通りにただの「練習」になってしまって、すぐに飽きちゃいませんか？

発音のトレーニングも、楽しくなければ続きません。ここでも、今自分が言いたいことから入ることをオススメします。発音のトレーニングもひとりごとベースで進めましょう。

やり方を説明しますので、スマホを取り出してください。発音のトレーニングは次の5つの流れで行います。

①「今の気分」からスタート！

今、どんな気分？　まずは下の中から選んでみて。

楽しい　眠い　うれしい　暇　お腹すいた　笑いそう　食べすぎた
のんびり　かゆい　幸せ　緊張してる　いい気分　帰りたい

② スマホで「weblio」を表示

OK！　そしたら、スマホを手に検索ブラウザで「weblio」と打ち込む。一番上に出てくるサイトをタップして（魔法のルーティンでは辞書サイトはヘビーユース。次からすぐアクセスできるようにしておいて。ちなみにアプリもあるから、そっちも便利）。

③ 選んだ単語を入力して検索

カテゴリーから「例文」という項目に移動して、さっき選んだ単語を打ち込んでみて。たとえば「眠い」を検索したら……。

④ 例文が表示されたら音声をタップ

画面に「眠い」に関する例文が出てきますよね。右側にスピーカーマークがある例文をタップすると……どうだっ！　音声が流れます。

⑤ モノマネにトライ

さぁ、やることは１つです。ただひたすらこれをマネしてしゃべってみて！　完コピするつもりでトライしましょう。「なんかうまくいかない」ってときは、自分の声とお手本を聴き比べて、何が違うか耳を澄ませてみてください。

小さな違和感を見つけることがモノマネの成長につながります。それまで何度も聴いてしゃべるの繰り返し。ちょっと飽きちゃったら、今の気分にしっくりくる例文を見つけてそっちに移っても OK。**大事なのは何度も声に出して発音することです**。

慣れてきたら、思いつくものなんでも検索ボックスに打ち込みましょう。「really（本当に）」とか「yogurt（ヨーグルト）」とか「thirsty（のど渇いた）」とか、発音を知りたい単語を英語でどんどん打ち込んで。この本に書いてある例文の中に読めない英語があったら、ここで調べてみてもいいですね。

他にも、いま周りを見回して目に留まったもの、たとえば「ペットボトル」や「冷蔵庫」を日本語で検索しても調べられます。

発音のトレーニングの基本はモノマネです。ドラえもんとかクレヨンしんちゃんのモノマネをするのと同じ。モノマネって説明書があるわけじゃないので、感覚的にやりますよね？「もっと似せよう」と思ったら、お手本を何回も聴いて、何回も口に出してっていうのを繰り返すと思います。英語の発音もそうすることで鍛えられていきます。

頭じゃなくて「耳」を使うっていうのがここでの大事なポイントです。

カタカナ読みの先入観を手放す

この練習法で大事なのは、カタカナ読みの先入観を一切捨てること！
聞こえてくる音をそのままマネします。

たとえば、

McDonald’s 

この文字を見ると頭に浮かぶのは「マクドナルド」ですよね？　だけど、カタカナ読みの先入観をなくして音声だけに集中すると……

「メクダノォゥズ」

のように聴こえませんか？

I’m exhausted.

なら、「アイムエグゾーステッド」が浮かぶけど、これもよ～く聴いてみると……

I’m exhausted. 

ちーいさく「トゥッ」という感じ

「アィミグザーステ（トゥッ）」って聴こえることに気づくようになります。

カタカナ読みの先入観にとらわれたまま練習していると、どうしてもカタカナの感覚に引っ張られてしまい「英語っぽい」発音の妨げになってしまいます。**耳を澄ませて音をそのまま聴くっていう感覚を磨いていきましょう**。

耳は育つもの。ネイティブの発音といまの自分の発音の違いを認識できるようになることが大事な第一歩になります！　わたしも最初は違いがイマイチわからなかったんですが、頭を使わずたくさんモノマネをしていくうちに、だんだんと違いがわかるようになっていきました。

そうして違いを認識できるようになったら、今度は「近づけていく」ための耳も育てていきましょう。「どうやったらお手本と同じニュアンスの音が出せるんだろう？」っていろいろしゃべって試してみてください。何度も言いますが発音はモノマネです。**頭じゃなくて耳を頼りに！**

ちなみにこの発音練習法は実は、一石三鳥なんです。

①発音がうまくなる、②自然と単語を覚えていく、③多くの例文に触れるしそれを読んでいくので文の構成が感覚として身についてくる。

三拍子そろったとってもお得なトレーニング法だと思いませんか？

それに、発音の練習はモノマネって思えば、少し気がラクになりますよね。

発音を知りたい例文が長い場合はGoogle翻訳を使うと便利です。Google翻訳の英語BOXに知りたい例文の英語を打ち込み、下にあるスピーカーマークを押せば、発音を確認することができます。

Google翻訳は英語の和訳を知るために使う人が多いと思いますが、実は和訳はそこまであてにならないと思った方がいいかもしれません。**翻訳ツールとしてよりも発音確認ツールとして使うのにもってこいです**。

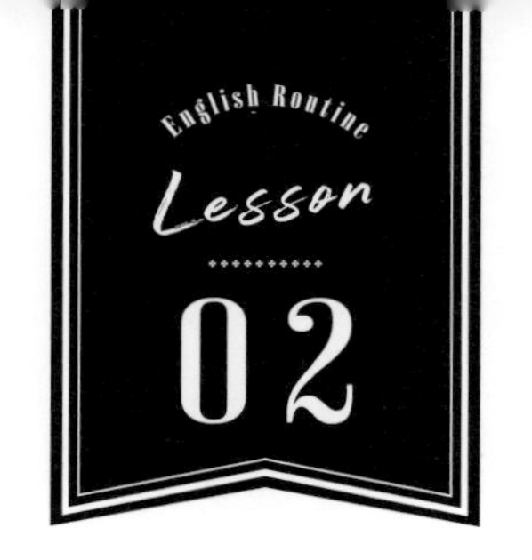

英語っぽい発音の秘密

「英語っぽく」ってこういうこと

ここまで、「英語っぽく」とか「ネイティブふう」とかいう言葉を使ってきましたが、「アップルよりアポーの方が英語っぽいことはなんとなくわかるけど、そもそも英語っぽさってどういうこと？」っていうところでつまずいている人もいるかもしれません。

Routine 05 ではこの「英語っぽい発音」について掘り下げてみたいと思います。

まずは、この音声を聴いてみてください。

05-03

これ、なんてしゃべっているかわかりますか？

「わからない！　難しい」って思った人。実はこれ、日本語なんです。

「まさか」って思ったら、次の字幕を見ながらもう一度聴いてみてください。

おはよう！　おばあちゃん。元気してた？　久しぶり。最近よく運動してる？
もうちゃんと身体気遣って？！　夏だし、すぐ会いに行くね。また電話する。じゃあね！

どうでしょう？？　今度はなんて言ってるかわかりましたか（笑）？そう、これは日本語を「英語っぽく」しゃべっているだけ。アルファベットで読み方をつけるとしたらこんな感じでしょうか。

Oh hey yo! Oh-bar-chan genkshtater? Hesashblit.
おはよう！　おばあちゃん。元気してた？　久しぶり。

Saykenyock wondough shit tear?
最近よく運動してる？

Mowww chant korada key tucatter?! Nuts dush sguire nick net.
もうちゃんと身体気遣って？！　夏だし、すぐ会いに行くね。

Matter den what through. Janet!
また電話する。じゃあね！

もちろん、この読み方はめちゃくちゃですが。英語の発音の基本をマスターするとこんな遊びもできちゃいます。「英語っぽく」って、つまりこういうことってとらえてください。

英語は日本語にはない音だらけですが、日本語にも英語にはない音があります。たとえば「おばあちゃん」の「ちゃん」は、ここではchanって英語をあてましたが、chanは音としては「チャン」じゃなくて「チェァン」に近いです。

この他にも、日本語なのに英語っぽく聞こえる秘密は英語のイントネーションでしゃべっているから。**英語と日本語の大きな違いはそのイントネーション（抑揚）にあります**。

日本語は抑揚をつけずに言葉のはじめから終わりまで淡々と、同じトーンでしゃべる言語です。**でも、英語はイントネーションがものすごくあります**。このグワングワンと波打つような抑揚が、英語独特の音を生んでいます。

たとえばこんなふうに。

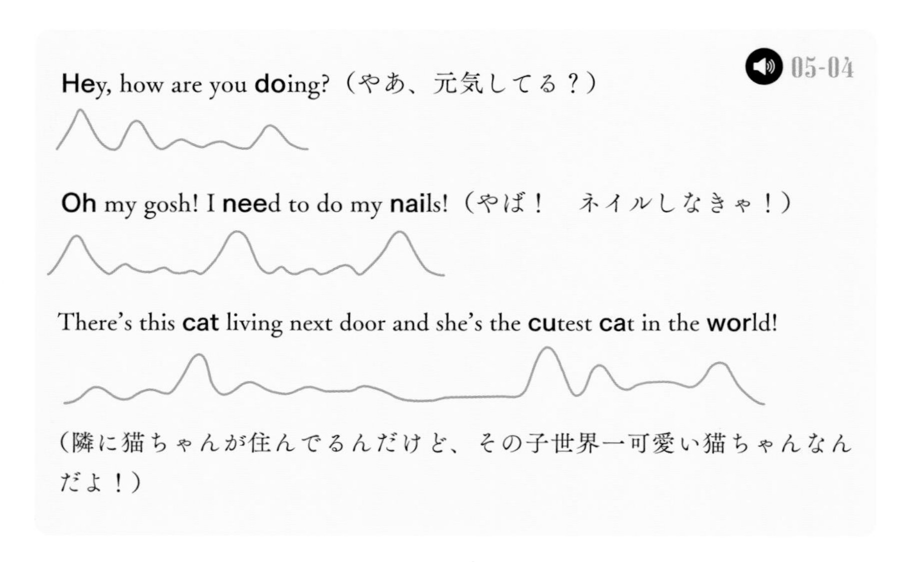

音声とイラストを参考にして、太字の部分をぐっと前に出すイメージで発音してみてください。このとき強調したい部分を高音で発音しやすいですが、高低差をつけるのではなくて、あくまで「音を前に出す」イメージです。

英語っぽい発音は、外国人の方がカタコトの日本語を話すときのしゃべり方にもヒントがあります。たとえばこんなふうにしゃべることがありますよね？

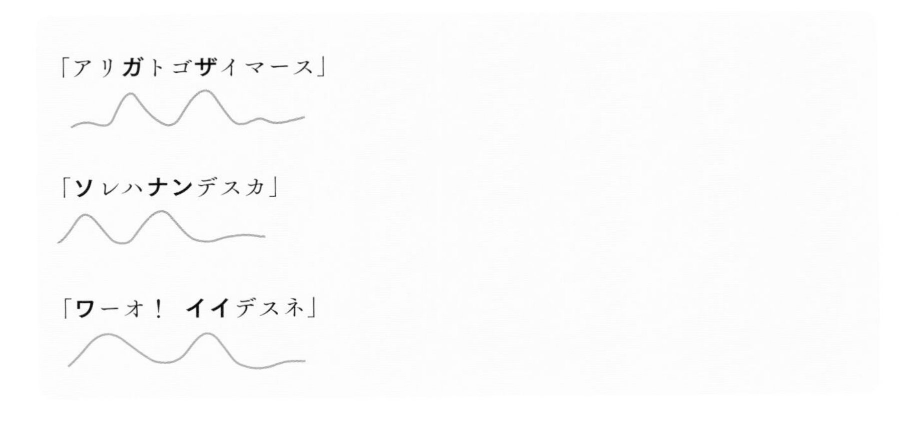

こうなるのは、日本語でも英語の抑揚をつけて話すクセが抜けきれないからです。この違いに注目すれば、日本語は淡々としゃべる言語っていう意味もわかってくるのではないでしょうか。

外国人の方が日本語を話すときのようなこの抑揚をモノマネする意識でやってみると、発音に「英語っぽさ」が出てきます。
英語の発音はこの抑揚がポイント！　波型のように前に出る音がグワングワンと何度もやってくると覚えておきましょう。

強調したい単語を操って話す

英語には、ある単語を強調して話すっていう話し方もあります。英語はご存じの通りジェスチャーとセットで話す言語ですが、海外ドラマや映画を観ていると、次のような話し方によく気がつきませんか？

You **NAILED** it.（**よくやった**ね）
No, **YOU** nailed it!!（いやいや、それは**君**だよ！！）

太字の言葉でジェスチャーが大きくなるイメージ。

You nailed it. は、直訳すると「釘を打った」となりますが、つまり「完璧な仕事をしたね」「最高のできばえ」を意味する慣用句。ネイティブが褒め言葉としてよく使うフレーズです。

最初の文では「NAILED」が強調されていて「やったこと」を賞賛するような言い方になっていますが、後の文では「YOU」が強調されていて「君が」を強調する言い方になっています。こんなふうに英語は、どの単語を強調するかによって伝わるニュアンスが変わるのも特徴です。

ネイティブは自然にこのイントネーションの強弱を操ってしゃべっているので、さらに抑揚が強くなるのです。

練習のために、We were having dinner.（わたしたちは夕食を食べていた）という英文を使った例も取り上げてみることにしましょう。

05-06

誰が食べていたのか？が強調される

WE were having dinner.

（夕食を食べていたのは **わたしたち**だよ）

夕飯を本当に食べてたかどうか？が強調される

We **WERE** having dinner.

（うん、わたしたちは**確かに**夕飯を**食べてた**よ）

何を食べてたのか？が強調される

We were having **DINNER.**

（わたしたちは **夕飯を**食べてたんだよ）

とこんな感じ。

強調する単語によって伝えたいニュアンスが変わるコツをつかめましたか？ **それぞれ強調する単語だけはっきりと発音するようにして読んでみてください**。ちょっと英語っぽさが出てくるのを感じられると思います。

アメリカ人の友だちにレクチャーしてもらった発音のコツです。双子の兄弟だったんですが、電車の中でふたりがかわるがわる熱弁してくれて……（笑)。英語って「おもしろい！」って思ったのを覚えています。

こんなふうに「言いたいことを強調して話す」というテクニックを知っておくと、ネイティブの話し方にもっと近づけます。

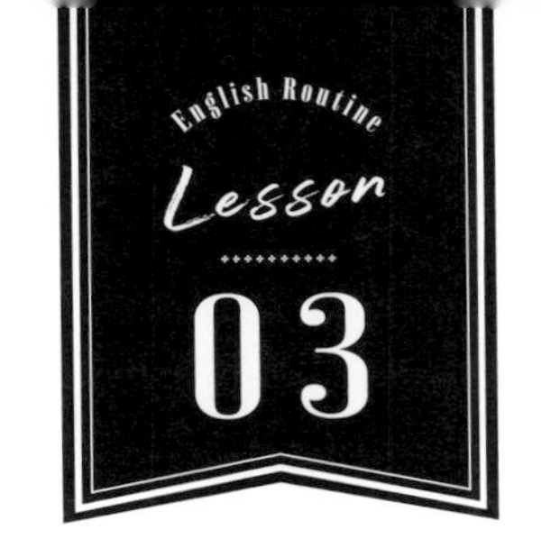

ネイティブふうの発音に近づく裏ワザ

発音の先生は「Siri」と「Google」

ひとりごと英語を続けていると、だんだんと自分の発音が気になってくると思います。
耳が育てば「なんか違うな」って気づきが多くなってくるからです。

でも、発音トレーニングは確認してくれる誰かがいないと難しいと思っている人は多いはず。

そこで、役立つのがスマホの音声認識です。**Siri や Google の音声認識は、発音のチェックに大活躍します。自分が言ったことが音声認識されるかを、1つの判断基準にしてしまって構いません。**

なぜって、実際の会話で発音が完ペキでないと通じないかというと、そんなことはないからです。たとえば collect（収集する）と correct（正しい）のように高度な発音スキルがないと言い分けるのが難しい英単語は多くあります。でも、会話するときは発音だけで何を言っているか判断するわけではありません。前後の言葉や状況がセットになってやりとりをするため、きっちり正確な発音でなくても言いたいことは伝わります。

会話で伝わる英語をしゃべるのが目標っていう段階では、発音は「完ぺきに」ってハードルを上げすぎなくて大丈夫。

Siri や Google は「英語っぽさ」をジャッジするという点では最適なツールです。

発音のチェックは、こうした音声認識をフル活用して行ってください。
スマホさえあれば気負わずにいつでもどこでもできるので、自分のやりたいペースで活用してみてください♪

正しく聴き取ってもらえないときは?

発音トレーニングを始めたばかりのうちは、Siri も Google もなかなか手厳しい先生になるかもしれません。そこで、心が折れそうになるよりも先にすかさずチェックしてほしいのが、しゃべっているときの口の形です。
日本語と英語では口の動かし方が全然違います。

耳で聴いても思い通りに発音できないのは、単純に「口の形」に問題があるからです。

日本語で「あ」の音を出したいときは自然と口を開けて発音しますよね?
それが日本語の「あ」の発音をするときの口の形だからです。
では、口を開けないようにして「あ」と言おうとするとどうなるでしょう。やってみると、思い通りの「あ」の音は出せないはずです。音がこもって、どちらかといえば「う」に近い音になると思います。
このことから発音には口の動かし方が重要なのがわかると思います。

テニスやゴルフなどのスポーツは、小手先だけではなく全身のフォームを整えることを重視します。狙った方向にボールが飛ばないのは、フォームに原因が潜んでいると考えるからです。

英語の発音もこれと同じ。**思ったように発音できないときは、鏡を見ながらネイティブの口の形をマネして発音してみてください。**そうすると、だんだんとキレイな発音になっていきます。

英語は複雑に口の中を動かしながら、吐く息を有効活用して、言葉同士をつなげるように話します。これに比べて日本語は英語よりも、しゃべっているときに口の中に空洞が多いイメージ。

このフォームのザックリとした輪郭をつかむのに最も役立つのが先にも紹介したGoogle翻訳です。和訳はあまりあてにならない、でも発音確認には欠かせないと言いましたが、さらに覚えておくといいのが、口のフォームの確認に使えるということです。

音声認識で聴き取ってもらえない単語を入力してスピーカーマークを一度押すと、ポップアップで「発音を調べる（英語の言語設定ならLearn to pronounce)」と出てくるので、これをクリックすると、口の形のアニメーションとともに発音が聴けます。さらに、その下にネイティブが実際に発音している動画が表示されるものもあります。

このとき、発音を知らない単語だけじゃなくて、発音を知っている単語の口の形まで見ておけば、音声認識に聴き取ってもらえる確率がきっと上がります。

「グイッと読み」でもうワンランクアップ！

口のフォームを改善できてきたら、**次にちょっと意識してみてほしいのが「ネイティブっぽい読み方」について**。何度もひとりごと英語を繰り返して「この英語はサラッと読めるようになった！」っていうフレーズができたタイミングでチャレンジしてほしい裏ワザです。

たとえば、p.63で出てきた、

I'm gonna tell you all about it.
(もう全部話させて)

という英文、発音のトレーニングを始めたばかりのときは次のように発音してしまいませんか？

アイム　ゴナ　テル　ユー　オール アバウト イット
I'm　gonna　tell　you　all　about　it.

1つひとつの単語ごとに区切りをつけて読んでいる感じ。I'm と gonna の間にポーズ、gonna と tell の間にもポーズといった具合に。でも、ネイティブはこんな読み方をしません。英語の発音に耳も口も慣れてくる中で「不自然なポーズ」も解消されていきますが、普通は身につくのに時間がかかります。そこで、急成長できる大ヒントを紹介します！　次のことを意識すると、途端に英語の読み方が変わります。

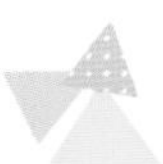

文をまるっと1つの単語みたいに読む

英語には、単語と単語の間にスペースがあります。このスペースを全部取り払うとどんな読み方になるでしょうか？　**隣り合わせの単語同士が仲良く手をつないだイメージを持って、文をつなげてひとつの長〜い単語だと思って読んでみてください**。

アムガナテォユーオーラバゥレッ
I'm gonna tell you all about it.　05-07

すると自然と tell you の部分が「テォユー」、about it の部分が「ラバゥレッ」のような発音になりませんか？　何でもかんでも一息で言おうとすると早口になってしまって極端になるので、あくまでネイティブっぽいという感覚が基準です。単語と単語の間で止めるのではなく、**文の一番最後**

の単語からグイッと引っ張られているように一気に読み上げるイメージを持ってみてください。

試しに上の文をGoogle翻訳の英文BOXに入れて、発音を聴いてみると……。どう聞こえるでしょうか。細かいポーズを入れるよりも、文をまるっとひとまとまりに読み上げているように聞こえませんか？

これも意識してトレーニングを重ねていけば、発音の上達が早まります。

ROUTINE 06

英文法もひとりごとで覚える

英文法が身につく ひとりごとのしゃべり方

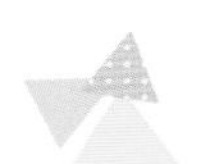

英語の前に日本語でつまずきがち

しっかりタイムでしゃべりたい英語を調べていると、be ○○ ing を使った現在進行形や、will を使った未来形、関係代名詞 that などを使った英文が出てくると思います。

ここまで、あえて英文法には触れずにきたのは、文法を理解しないと英語がしゃべれないと思っている人がとっても多いからです。

文法を意識して英語をしゃべろうとすると、**「現在完了形」や「過去分詞」や「関係代名詞」といった四字熟語みたいな漢字の羅列が頭に浮かんで、とたんに思考がストップするっていう経験ありませんか**？　英語を勉強してるのに、これじゃあ日本語につまずいてるみたいでなんだか遠回りに思えますよね。

だからそれよりも先に、とにかくたくさん英語に触れて、口と耳を英語に慣らすことをオススメしてきました。でも、本格的に英語をしゃべれるようになるには、英文法を理解することも避けて通れない道です。

そこで、**Routine 06 では英文法が身につくひとりごとのしゃべり方を紹介したいと思います**。

英文法を体育的に覚えるには？

英文法をひとりごとで体育的に覚えるコツは、**「文法を覚えるためにしゃべる」んじゃなくて、「今伝えたいことや状態を表すために文法を利用する」っていう意識でしゃべることです**。

たとえば、今、みなさんが上の文章を読んで、「そんなの、やったことない！」って思ったとしましょう。これを英語にしたら、I've never done that before. これは、現在完了形の文です。

こんなふうに、文法を覚えるのはあくまで自分が今思ったことや状況を相手に伝えるため。そう考えると、英文法も「これがwillっていう感覚なんだ」とか、「これがhave beenの状態か！」っていうふうに感覚的に覚えられそうって思えてきませんか？

それに、わたしたち日本人も日本語の作文が難しいと思ったり、言い方を間違えたりすることってありますよね？　それと同じで、アメリカ人だって常に文法的に正しい英語を話しているわけではないと思うし、ネイティブがスペルを間違えちゃうっていうのも実はよくあることなんです。

そう思えば、**はじめから「文法を完ぺきに覚えた上でしゃべろう」って考えること自体ナンセンスに思えてきます**。だから、文法も堅苦しく考えずに気をラクにして取り組んで！　まずは、会話でミスしやすい、あるいは知っておくと表現の幅が広がる文法に絞ってお伝えしていくことにします。

とりあえず「時制」と「関係代名詞」だけ覚える

英語を話すときにクリアにしておきたい文法項目のひとつが「時制」です。今言いたいことが過去を指すのか、未来を指すのか、それとも今まさに起きている状態を指すのか。**英語は「時間の流れ」に対する概念が日本**

語よりも細かく分かれています。

この時制の使い分けに慣れていないと、英語が口からパッと出てきません。だから、時制をおさえておくのは英語を話すために大切なこと。とはいえ、中学校から義務教育で6年間英語を習ってきても、「まだ時制がつかめない」ってなげいている人は多いはずです。

時制の感覚を身につけるには、**ふだん自分がやっていることをYouTuberの自撮りみたいにしゃべる「実況ふう」のひとりごとをオススメします**。詳しいやり方はLesson 02以降で紹介していきます。

そしてもう1つ、**「関係代名詞」をおさえておくことも会話をする上では外せません**。この言葉を聞くとちょっと頭が痛くなっちゃうって人もいるかもしれませんが、安心してください。実は、わたしもこの言葉がまだ苦手なんです……。「きちんと説明して」って言われるとひるんじゃいます。それでも、英語がしゃべれるようになりました（笑）！

関係代名詞を使った英語をしゃべれるようになるには、**言いたいことを「関係代名詞マシーン」にかけるだけ（笑）**。このやり方さえ覚えれば、学校で習った難しい関係代名詞を使った英文が、ワンツースリーで驚くほど簡単にできちゃいます。

敬遠されがちな関係代名詞だけど、使えると会話でかなり役に立ちます。詳しいやり方はLesson 03以降で紹介していきますね！

「実況ふう」のひとりごとで時制を身につける

やってることと英語を結びつけてしゃべる

英語の時制の感覚を養うのに役立つのが、「実況ふう」に英語をしゃべってみることです。イメージしたいのはYouTuberがルーティン動画などで、自分がやっていることを実況っぽくしゃべっているシーン。たとえば、メイクの動画などがイメージしやすいと思います。YouTuberは動画の中で

「化粧水をつけて肌の保湿が終わりました。今からベースメイクに取りかかりますね〜。日焼け止めを塗って……ファンデーションがバッチリ完了。次にパウダーを使いますね。続いてチークに入りますが、ここでのポイントは……」

といったように話しますよね？　これから何が起きようとしてるのか、まさに今何が起きているのか、そしてその結果どうなったのか。未来―現在―過去がとってもわかりやすく解説されていますよね。実況ふうにひとりごとをしゃべるっていうのはこれと似たイメージです。

ポイントは、自分自身の経験や状況と英語を結びつけながら、時制を体に染み込ませていくことです。

たとえばわたしなら、先ほどの例のようにメイク中にこんな実況ふうのひとりごとをつぶやきます。

アイライナーを使ったひとりごとで時制を学ぶ

06-01

I use an eyeliner from Miracle Makeup.
（わたしは『ミラクルメイクアップ』のアイライナーを使ってるよ）

I'm going to use this eyeliner to make cat eyes.
（このアイライナーを使って猫目メイクするよ）

Hm. I think I'll use some other eyeliner today.
（うーん。今日は別のアイライナーを使おっかな）

Now I'm applying this eyeliner on my bottom lid.
（今、下まぶたにこのアイライナーを引いてる）

I used this eyeliner to make the cat eyes.
（このアイライナーを使って猫目メイクしたよ）

I've used this eyeliner to make the cat eyes.
（このアイライナーを使って猫目メイクしたよ）

I have used this eyeliner before, but it wasn't for me.
(前にこのアイライナー使ったことあるんだけど、
あんまり気に入らなかったな)

I've been using this eyeliner for three years.
(このアイライナー、3年間ずっと使ってるんだ)

和訳だけ見るとなんてことないひとりごとに見えるけど、実はこの中に、英語でおさえておくと便利な時制がすべて入っています。それぞれの英文にどんな時制が使われているかわかりますか？

1つひとつ取り上げて、時制の使い分けのコツを解説していきます。

現在形は「ふだん〜しているよ」のイメージ

I use an eyeliner from Miracle Makeup.
(わたしは『ミラクルメイクアップ』の
アイライナーを使ってるよ)

これは現在形の英語です。
現在形は、「ふだんしていること」を言うときに使います。
現在形っていう名前のせいで「今していること」を表すと勘違いしやすいのが現在形の落とし穴。

p.56で紹介したWhat do you do in your free time?(趣味はなんですか？)に対する次の答えもこれと同じ現在形です。

I watch movies.（映画が趣味です）

こう答えるときに、「今映画を観ている」わけではないですよね？ What do you do in your free time? の do は、「今やっている」ではなく、「ふだんからやっている」ことを意味しています。直訳すると「自由な時間に（いつも）やっていることはなんですか？」。つまり、「趣味は何ですか？」っていう意味になるんですね。

I watch movies. は、「（ふだん）映画を観ている」というニュアンスなので、これが「映画が趣味」という意味になるわけです。

現在形にはこうして「ふだん ／ いつも」っていう意味合いが含まれていることを覚えておきましょう。

未来形は「これから〜するよ」のイメージ

未来の話をするときは、be going to と will がよく使われます。未来形で迷いやすいのは、この２つのどっちを使えばいいかってことです。**でも実は、英語には「この場面では be going to、この場面では will」という明確なルールはないんです。**

どちらもほぼ同じ意味だし、ネイティブでも意識的に使い分けているわけではなくそのつど、感覚でしっくりくる方を使っているという感じ。

でも、ザックリでもニュアンスの違いをわかっていた方が使いやすいですよね。ですので、大まかにでも使い分けのイメージを持っておくといいと思います。

では、① be going to と② will の使い方について見ていきましょう。

① be going to 「これから〜するよ（予定されていること）」のイメージ

I'm going to use this eyeliner to make cat eyes.
（このアイライナーを使って猫目メイクするよ）

これは be going to を使った未来形の英語です。

be going to は、「あらかじめ予定している未来」について言うときに使われることが多いです。

でもここで、「メイクの工程って予定かな？」って疑問に思うかもしれません。そこでイメージしてほしいのが、メイク系 YouTuber が自撮りしながらメイクしているシーン。ベースメイクが終わったあと、アイライナーを手に持って「（これから）猫目メイクしていきますね〜」って言ったりしますよね？　あれと同じニュアンスです。

メイクをする中でアイラインを引くっていうのは工程の１つ。つまり、「すでに決まった手順がある」→「工程が予定になる」となるんです。なので、手順を踏んで「さあ、これから○○するよ」って言う場合は、あらかじめ予定されていた未来ということになります。

こんなふうに工程がある中で未来について言うときや、「週末は○○をするんだ」などの予定している未来について言うときは、be going to が使われることが圧倒的に多いです。

ちなみに少し話が逸れますが、ここまで読んで「現在形」とか「未来形」とか、文法的な分類の名前ってそもそも覚える必要あるの？って思ってる人もいるかもしれません。

実は実際の英会話ではこの分類名を覚えていて役に立つことってまったくナシです（笑）。でも、Routine 04 で紹介したように、海外ドラマのような素材から英語を盗むときに、この分類を覚えておくことがすごく役に立つんです。**詳しくは p.143 で説明しますが、ひとまずここでは英語を盗むときに役に立つとだけ覚えておいてください。**

② will 「これから〜しよう（今決めたこと）」のイメージ

Hm. I think I'll use some other eyeliner today.
（うーん。今日は別のアイライナーを使おっかな）

これは will を使った未来形の英語です。

will は、「自分の気持ちや意志から決めた未来」について言うときに使われることが多いです。

いつも使ってるアイライナーのテクスチャや色が今日の気分とマッチしなかったってときに、「よし、別のを使うことにしよう」って決めた。これは予定していたことじゃなくて、たった今決めた未来です。こんなときは will を使います。

be going to と will のニュアンスの違いは、実況ふうのひとりごとで次のように一連の流れにするとわかりやすくなります。

06-02

Now, I'm going to use this eyeliner to make cat eyes.
（さて、このアイライナーを使って猫目メイクをするよ）

⬇

塗ってみたら……

⬇

Oh no, it's drying out.　dry out ＝乾ききる
（あれ、出ないな）

⬇

Hm. I think I'll use some other eyeliner today.
（うーん。今日は別のアイライナーを使うか）

こうして同じ流れの中で見ることで、be going to と will のニュアンスの違いが見えてくると思います。

現在進行形は「〜しているよ」のイメージ

Now I'm applying this eyeliner on my bottom lid.
（今、下まぶたにこのアイライナーを引いてる）

これは現在進行形の英語です。
現在進行形は、「今、まさにしていること」を言うときに使います。
アイライナーを今まさに引いている最中にしゃべっているイメージです。

先に紹介した現在形と、この現在進行形は混同されやすい傾向があります。
では、この違いをわかりやすくするために、現在形と現在進行形が両方入ったこんな例文を見てみましょう。

I **usually use** liquid eyeliner but **this time** **I'm using** pencil eyeliner to create a softer look.
（**いつもは**リキッドのアイライナーを**使う**んだけど、**今回は**ソフトな仕上がりにするためにペンシルのアイライナーを**使ってる**よ）

ふだんはリキッドタイプを使ってるけど、今まさに使っているのはペンシルタイプ。いつも使うリキッドタイプは現在形で、使ってる真っ最中のペンシルタイプは現在進行形で表されているのがわかりますね。

こうして自分自身の経験や状況と英語を結びつけながら実況ふうにひとりごとをしゃべり、体に染み込ませていけば、時制の感覚をつかみやすくなっていきます。

過去形は「〜したよ」のイメージ

I used this eyeliner to make the cat eyes.
（このアイライナーを使って猫目メイクしたよ）

これは過去形の英語です。
過去形は文字通り「過去に起きたこと」を言うときに使います。
過去形を理解するコツは、過去形には現在の要素がいっさい含まれないということです。過去形が使われるときは現在の状況はわからないと考えましょう。

上の例文からは、**過去に「このアイライナー」を使って猫目メイクをしたことがあるのはわかるけど、今「このアイライナー」を使っているかも、今猫目メイクをしているかもわかりません。これが過去形の特徴です**。

一方、過去に起きたできごとや状況が今にも影響を及ぼしている場合がありますよね。たとえば、I caught a cold.（風邪をひいた）は過去形ですが、この言い方からは今はもう風邪が治っているのか、それともまだ治ってないのかがわかりません。
では、過去が今に影響している場合はどんな言い方をすればいいでしょうか？

現在完了形は「〜したことがあるよ」のイメージ

I have used this eyeliner before, but it wasn't for me.
（前にこのアイライナー使ったことあるんだけど、あんまり気に入らなかったな）

これは現在完了形の英語です。

現在完了形は、「過去に起きたことが今に影響している」ことを言うときに使います。過去形との違いは、haveがついて動詞が過去分詞になるところです。「過去分詞」って難しい言葉が出てきましたが、ここではひとまず、過去形と違うものなんだとだけ覚えておきましょう。

たとえば、先ほどの例文、日本語に訳すと同じになるけど、過去形と現在完了形で全く意味が違います。

I used this eyeliner to make the cat eyes.
（このアイライナーを使って猫目メイクしたよ）

は、今猫目メイクなのかどうかわからない状態ですが、

I've used this eyeliner to make the cat eyes.
（このアイライナーを使って猫目メイクしたよ）

と言えば、今にも影響を及ぼしていることになるので、今まさに猫目メイクの顔になっているというわけです。こうした細かい違いって、最初に知識として頭に入れるよりも、使っていくうちに使い分けが徐々に気になってくるものです。

細かいことを先に知ろうとせずに、しゃべっているうちに細かい違いに気づいていく感覚を大切にしてください。

過去形と現在完了形の使い分けをざっくりシンプルに言えば、「できごと」と「経験談」の違いです。次の例文を見比べて、過去形と現在完了形の違いを見てみましょう。

過去形は「過去のどこかで起きたできごとを伝えるとき」に使います。

I used this eyeliner to make the cat eyes.
（このアイライナーを使って猫目メイクしたよ）
➡「このアイライナーを使って猫目メイクをした」というできごとがあった。

現在完了形は「過去にこんな経験をした自分がいる」という経験談。

I have used this eyeliner before, but it wasn't for me.
（前にこのアイライナー使ったことあるんだけど、あんまり気に入らなかったな）
➡「このアイライナーを使った」という経験をした今の自分がいる。

「できごと」って今の自分とはあまり関わりがないイメージだけど、「経験」って今の自分に影響を与えてる感じがしませんか？

そこで、haveがつく現在完了形のオススメの覚え方を紹介します。**それは「わたしは○○という経験を持っている（have)」というふうに覚えておくことです。**

I have used this eyeliner before.
➡わたしは持っている。「used this eyeliner before」という経験を。

こんなふうに過去にあったことを今も経験として持っている、つまり今話している自分に何かしらの影響が出ているということを表すのが現在完了形です。

教科書を見れば現在完了形には「完了・経験・継続」などいろいろな意味が載っているけど、こうして感覚やイメージを自分自身にすり込んでおさえていくことが一番です。

現在完了進行形は「ずっと〜しているよ」のイメージ

I've been using this eyeliner for three years.
(このアイライナー、3年間ずっと使ってるんだ)

これは現在完了進行形の英語です。

現在完了進行形は、「ずっと〜してる」と言うときに使います。

3年前にこのアイライナーを使い始めた、そして今も使っているっていうことを表しています。**ふつうの進行形と違って、「今〜してる最中」という意味ではなくて、過去に始まったものが今も続いてるっていうイメージです。**

ここまで、会話で使うことになる時制について、ひとりごとのイメージとニュアンスをベースになるべくわかりやすく説明してきました。

教科書や参考書に書いてある「現在形は不変の真理を表す」のような難しい知識から入るよりも、イメージをつかみやすかったのではないでしょうか?

ひとりごとを利用すれば、自分の毎日の習慣や行動といった自分にとって馴染み深いことをベースに、時制の感覚をつかむことができます。

6つの時制を使って実況ふうにしゃべる

「現在形」「未来形」「現在進行形」「過去形」「現在完了形」「現在完了進行形」と、6つの時制の使い方がなんとなくわかったら、さっそくふだんの生活の中で実況ふうにひとりごと英語を始めましょう。未来―現在―過去の時間軸を意識して、自分が思っていることを表現するために文法を利用してください。

言いたい英文ができたら、「これが○○って感覚なんだ!」って文法をしっかり体に染み込ませてみてくださいね。

もっと実況ふうにしゃべるイメージがわくように、「歯磨き」と「ゲーム」を素材にした例文も用意しました。

声に出して読みながら……音声を聴いて発音をチェックしながら……いつもやってることをネタにして……アイライナーのように部屋の中にあるモノを小道具にして……と、いろんな方法で「実況ふうのひとりごと」に取り組んでみてください。

時制のイメージがまだイマイチわからないって人も、わかったようなわからないようなっていう状態の人も、まずはたくさん口に出してみることを優先して！　そうすることで、きっとあとから徐々に理解が深まっていきます。

歯磨きのひとりごとで時制を学ぶ

現在形は「ふだん～しているよ」のイメージ

I brush my teeth after every meal.
（僕は毎食後に歯を磨くよ）

現在進行形は「～しているよ」のイメージ

I'm brushing my teeth right now.
（今、歯を磨いてるよ）

未来形 be going to は
「これから〜するよ（予定されていること）」のイメージ

Hold on, I'm gonna go brush my teeth real quick.
（ちょっと待って、急いで歯磨いてくるから）

過去形は「〜したよ」のイメージ

I brushed my teeth an hour ago.
（1時間前に歯を磨いたよ）

現在完了形は「〜したことがあるよ」のイメージ

I've just finished brushing my teeth.
（今ちょうど歯を磨き終わったよ）

現在完了進行形は「ずっと〜している」のイメージ

I've been brushing my teeth for like 10 minutes... too long, right?
（10分間、歯磨いてる。……長すぎる、よね？）

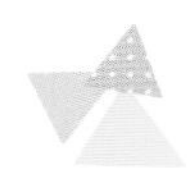

ゲームのひとりごとで時制を学ぶ

06-05

現在形は「ふだん～しているよ」のイメージ

I am a professional gamer.
（僕はプロゲーマーです）

未来形 will は「これから～しよう（今決めたこと）」のイメージ

I will be a professional gamer someday!
（僕はいつか、プロゲーマーになる！）

現在進行形は「～しているよ」のイメージ

I am working hard to be a professional gamer.
（僕はプロゲーマーになるために頑張っています）

過去形は「～したよ」のイメージ

I used to be a professional gamer.
（僕は以前、プロゲーマーをしていました）

現在完了形は「〜したことがあるよ」のイメージ

I have finished my career as a professional gamer.
（僕はプロゲーマーを引退しました）

現在完了進行形は「ずっと〜している」のイメージ

I have been playing video games every day for the past year to become a professional gamer.
（僕はプロゲーマーになるために１年前から毎日ゲームをしています）

他にも、p.37で紹介した１日の行動についてのひとりごとで、次の図のように視覚的に時制を整理することもできます。

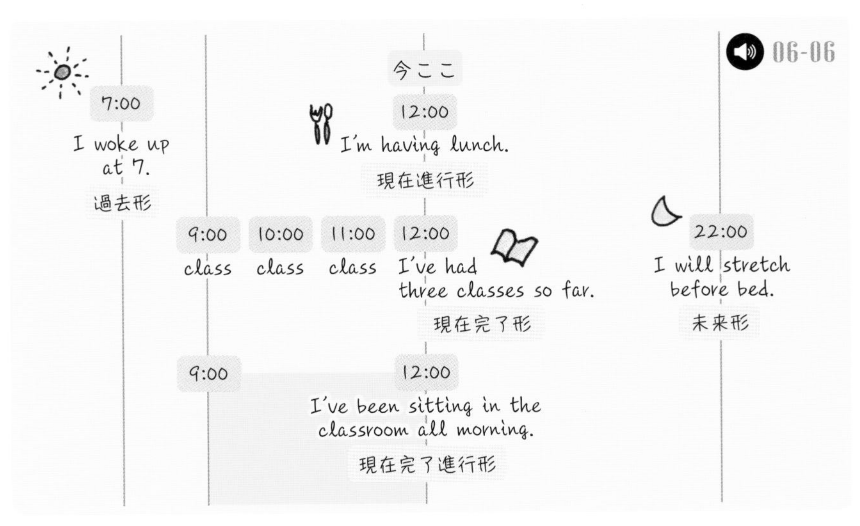

いかがでしょうか？　苦手な文法項目もひとりごとをベースに考えると、グッと身近なものになったのではないでしょうか？　この調子で、英文法の中でも難しいとされる関係代名詞も簡単にマスターしてしまいましょう！

「関係代名詞」を使って ちょっと長めの英語をしゃべる

実は頼りになる関係代名詞

時制をちょっと意識してしゃべれるようになってきたら、続いて覚えたいのが「関係代名詞」です。お伝えした通り、多くの人と同じでわたしもこの小難しい響きの言葉がちょっと苦手……。関係代名詞には that、who、which といくつかの種類があって、細かく言うと何をしゃべるか、どうしゃべるかによっていろいろと決まりがあるので、すんなり理解するのが難しいですよね。

でも、この本の目的はそこを１つひとつ丁寧に説明することではありません。一にも二にも、なるべく早く英語でコミュニケーションをとれるようになるのが目的です。だから、**ここでは関係代名詞の中でも、会話で最も使われるものに集中して解説したいと思います**。

一見嫌われがちなこの関係代名詞。**実はネイティブの日常会話でもよく使われていて、「関係代名詞がない会話なんて考えられない」っていうくらい欠かせないものなんです**。

もっとポジティブに言うと、ここまでめちゃくちゃタイムで「英語っぽく」しゃべってきたひとりごとが、関係代名詞を使えるようになることで、ネイティブが話す本物の英語にぐっと近づくっていうイメージ。**関係代名詞の使い方がうまくなればなるほど、「今ネイティブみたいにしゃべれてる！」って、成長を実感できるものなんです**。

関係代名詞が苦手な人は、関係代名詞のことを「パッとみ気難しそうだけどしゃべってみると案外気さくで、しかもすごく頼れる人だった」みたいなイメージにすり替えてみるといいかもしれません（そんな人っていますよね 笑）！？

それでは一緒に、「関係代名詞」の使い方のコツをつかんでいきましょう！

「〇〇なモノ」「〇〇な人」って言いたいときに便利

身の回りのモノや知ってる人について話すときって、どうしても情報量が多くなると思いませんか？ **リアルな会話では、This is an apple.（これはリンゴです）とか、She is Mary.（彼女はメアリーです）なんて単純で当たり前の言い方はほとんどしないものです。**

たとえば、「これって２年前にニューヨークで買ったマスカラなの！」とか、「ちょっと気になってる人がいるんだよね……」といったようにモノや人について話すと、情報量が多くなりがちですよね？ モノについて話すときは「〇〇なモノ」、人について話すときは「〇〇な人」のように、ほとんどの場合何かしらの情報が加わります。

Routine 02 の「しっかりタイム」では、言いたい英語の調べ方として、「朝が苦手だから、いつも寝坊しちゃう」を、I'm not a morning person. I oversleep.（朝が苦手。寝坊する）のようにブツ切りな英語でもひとまずOK とお伝えしました。

でも、「おうち留学」で耳が英語に慣れてくると、ネイティブはもっと滑らかで流れるように英語をしゃべることに気づくと思います。リアルな会話では、こんなブツ切りなしゃべり方はしません。

そこで覚えたいのが、文をつなぐための関係代名詞です。**関係代名詞を使えるようになれば、ちょっと長めの英語を、ネイティブっぽい滑らかさでしゃべれるようになります。**

具体的な例文を見ていきましょう。

たとえば、つきあってる彼から特別なプレゼントをもらったっていうような、思わず友だちに「聞いて聞いて！」って言いたくなるハッピーなできごとがあったとします。

「彼がずっとほしかった指輪を買ってくれたの～ !! 」

これを１秒でも早く英語にして誰かに言いたい。

関係代名詞を使えないと、出てくるのはおそらくこんな英語になります。

06-07

My boyfriend got me a ring. And I've always dreamed of it.
「彼氏が指輪をくれたの。それってわたしがずっとほしかったやつなの」

これでも伝わらないことはないけど……う～ん、どうでしょう？　文が一度途切れちゃうし、さっきの言いたかった日本語に比べるとなんだかテンションが落ちてスピード感がなくなる感じがしませんか？

では、関係代名詞を使って言うとどうなるでしょうか。

My boyfriend got me the ring **that** I've always dreamed of.
（彼氏がずっとほしかった指輪を買ってくれたの）

これなら途中でブツリと切れることがなくて滑らかにしゃべれますね。「聞いて聞いて！」っていう高いテンションをキープしたまま、ニュアンスも含めて言いたかったことがうまく伝わりそうです。

この途中に入っているthatが関係代名詞と呼ばれるもので、the ring（指輪）とその説明に当たるI've always dreamed of（わたしがずっとほしかった）をくっつける役割をしています。

Routine 02（p.42）で紹介した感情をのせてしゃべるっていうことを思

い出して、2つの文を読み比べてみましょう。関係代名詞を使った方がスムーズに感情も入りますよね。

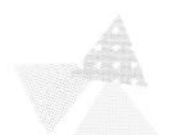

関係代名詞の英文を簡単につくる3 Step

関係代名詞を使えるようになったら、ちょっと長い英語がしゃべれるようになる。しかも、言いたいことがもっとうまく伝わりやすくなります。

でも、そうは言ってもどうやって関係代名詞を使った英文をつくればいいの？って困っちゃいますよね。

そこで登場するのが『3 Step の関係代名詞マシーン』です。

関係代名詞マシーンは、頭に浮んだひとりごとを3 Stepで関係代名詞を使った文に変換できる便利なマシーンです。

これから紹介する3 Stepのやり方を覚えて、このマシーンを使いこなしちゃいましょう！

3 Stepのやり方はこうです。

関係代名詞マシーンの使い方

Step 1 「○○なモノ」「○○な人」を考える

自分がふだん口にする「○○な○○」を思い浮かべてみましょう。最初の○○にはモノや人に対する説明が入り、後ろの○○にはモノや人が入ります。たとえば、「友だちがくれたアロマキャンドル」「中学の頃から使っているカメラ」などです。

友だちがくれた
〇〇
モノや人の説明

な

アロマキャンドル
〇〇
モノや人

Step 2 しっかりタイムで2つの要素を英語にする

言いたいことができたら、それぞれの要素をしっかりタイムで英語にします。

友だちがくれた
〇〇
↓
my friend gave me

な

アロマキャンドル
〇〇
↓
the scented candle
モノや人の前には the をつけて!

Step 3 関係代名詞マシーンにかける

できた2つの英語の間に that を入れて、that をはさむ語の順番を入れ替える関係代名詞マシーンにかければ……あっという間に関係代名詞を使った英語のできあがり。

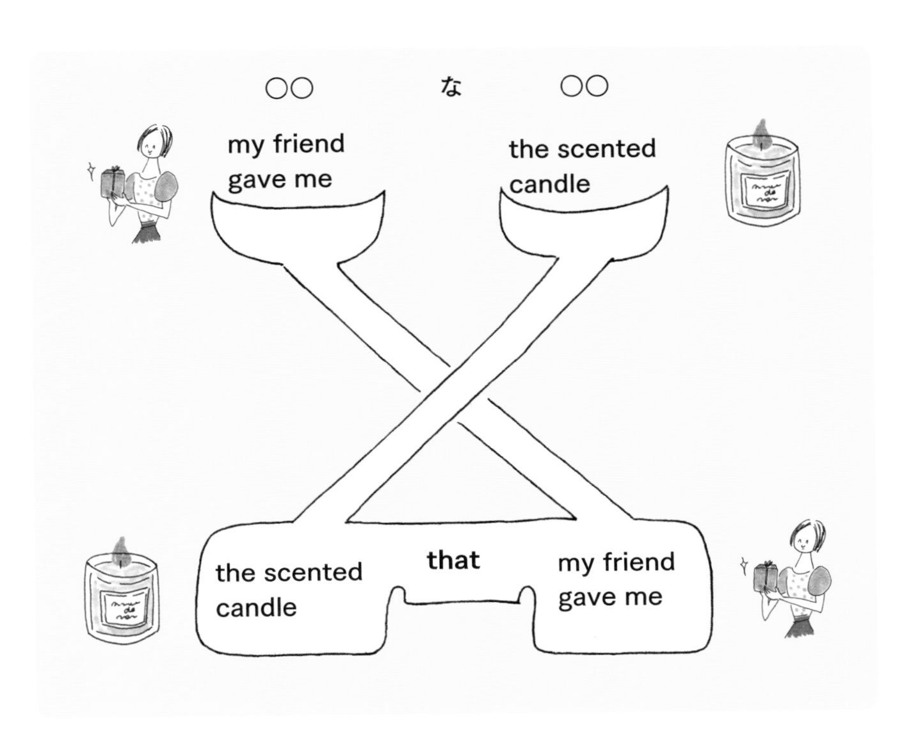

どうでしょう？　こんなふうに、関係代名詞を使った英語はとっても簡単につくれます。この 3 Step で身の回りにあるモノや知ってる人を、どんどん英語にしていきましょう。これまで言いにくいって感じていたひとりごともサクサク英語にできるようになります。

そして、関係代名詞を使った英語ができたら次のように文にして、感情をのせてしゃべってみて！

The scented candle that my friend gave me smells amazing!
（友だちがくれたアロマキャンドルがすごくいい香り！）

関係代名詞マシーンを使って演習する

このStepを使えば、しゃべれる英語が増えていきます。次はもう少し長いひとりごとから関係代名詞を使った例文をつくってみましょう。

たとえば、こんなことが頭に浮かんだら……。

「わたし、この写真の中でわたしの後ろに座ってる女の子知ってる気がする」

この中で、「○○なモノ」「○○な人」に当たる部分はどこ？

そう、「この写真の中でわたしの後ろに座ってる女の子」ですね。

では、さっそく関係代名詞マシーンで変換してみましょう。

Step 1 「○○なモノ」「○○な人」を考える

この写真の中でわたしの後ろに座ってる

○○

モノや人の説明

な

女の子

○○

モノや人

Step 2 しっかりタイムで２つの要素を英語にする

言いたいことができたら、それぞれの要素をしっかりタイムで英語にします。

この写真の中でわたしの
後ろに座ってる

な

女の子

be sitting behind me
in this photo

the girl

Step 3 クロスして間に that を入れる

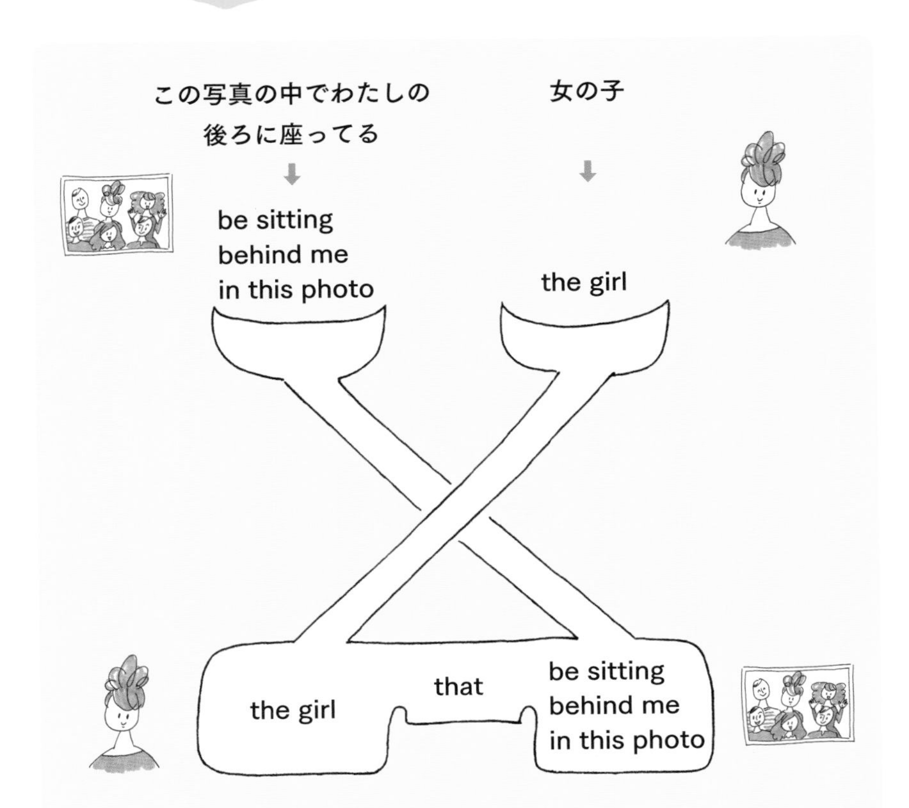

この英語をもとに、さっきの日本語の文を英語にしてみます。

06-10

I think I know the girl that is sitting behind me in this photo.
（わたし、この写真の中でわたしの後ろに座ってる女の子知ってる気がする）

こうしてできた文を、先に紹介したGoogle翻訳やweblioなどに打ち込んで発音を聴いてみて、マネしてしゃべりましょう。
はじめは書き留めながらでもOK。このStepを何度も繰り返しているうちに、Stepを踏まずとも自然と関係代名詞を使った英文をつくれるようになっていきます。

そうして少しずつでも文法に慣れてくると、今度は英文を見る視点が変わってくるといういいことが起き始めます。

たとえば次のような英文は、関係代名詞と時制が同時に使われています。

The camera that I've been using since middle school finally broke.
（中学の頃から使ってるカメラがついに壊れた）

学校の授業では、こんな英文を見て、「難しい！」と頭を抱えたことがあるのではないでしょうか。でも、今見てみるとどうですか？
ひとりごとをベースに理解することで、自分の中でのイメージが先にきて、感覚的に英文法を捉えられているのではないでしょうか？

さらにこの文において、関係代名詞thatをはさんで、The camera（カメラ）と、I've been using since middle school（中学の頃から使っていてついに壊れた）という2つの要素がくっついていることが見えてくると思います。

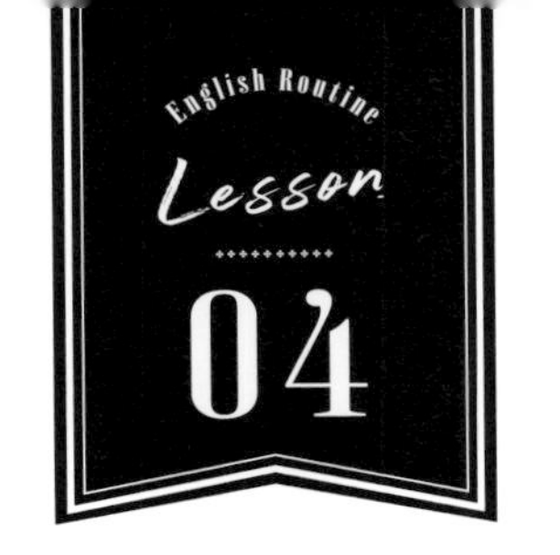

文法を知れば「ほうほう」できるようになる

わからなかったことが見えてくる

この本では英文法の入り口として、会話に役立つ「時制」と「関係代名詞（that)」に絞って紹介しました。もちろん、この２つが英文法のすべてではありません。

でも、この２つを覚えただけでも、キャッチできる英語の幅が広がってくると思いませんか？

たとえばこれまでは過去形の英語を見ても、ただ和訳しか浮かんでこなかったのが、「これって“have＋過去分詞”が使われてない過去形の英語だから、今のことはわからないってことか」みたいに、細かいニュアンスが意識できるようになりますよね。

思わず「ほうほう、なるほど」と顎に手をやってみたくなりません（笑）？

英文法の理解には、この「ほうほう」の感覚がとっても大事！ **日常で「ほうほう」をすればするほど、英文法がどんどん身についていきます。**

わたし自身も、自然な英語が話せるようになったとはいえ、まだまだ発展途上。今でも知らなかった表現を見つけるたびに、「ほうほう」しながら文法の理解を深めています。

そこで、この「ほうほう」の感覚を養うために、ちょっとだけ練習してみてほしいと思います。

アウトプットした英語に「ほうほう」しよう

ここまで紹介したひとりごとにも、時制や関係代名詞が使われていました。例として、Routine 04 で紹介したインスタの英文を振り返って見てみましょう。

I love outfits that make me feel like a princess.
（プリンセスみたいな気分にしてくれる服が好き）

ほうほうポイント

Routine 04 では、I love outfits that make me feel like a ○○.（○○みたいな気分にしてくれる服が好き）としてフレーズをまるっと盗んだこの英文ですが、今見返してみると関係代名詞 that が入っているのがわかりますね（p.90）。

ここで、「プリンセスみたいな気分にさせてくれる服って、モノの説明としては長いから、関係代名詞を使っている」って「ほうほう」できると思います。

さらに、文の区切りを覚えたら、「I love outfits that ○○.（わたしは○○な服が好きです）」でフレーズが成り立っていることにも気づけます。そしたらもっと、自分が好きな服についてしゃべりたいときにいろいろな言い方ができそうって思えてきませんか？

もう1つ、「ほうほう」の練習をしてみましょう。p.39 で紹介した次のひとりごとフレーズを思い返してください。

I'll make a salad for dinner.
（夕飯はサラダつくろう）

ほうほうポイント

これはRoutine 02で言ってみた気軽なフレーズですね。でも、I'llはI willの略って気づければ、これは時制でいう未来形の言い方だとわかります。willはどんなときに使われることが多かったか、p.122に書いてあったことを振り返ってみましょう。

willを使うときは「予定されていた未来」ではなくて「自分の意志から今決めた」というニュアンスがありましたよね。それを踏まえると未来形でも「サラダつくろーっと」みたいなちょっと気まぐれな言い方に近いんだなって「ほうほう」できます。

はじめはよくわからないましゃべっていたひとりごとが、文法の「時制」と「関係代名詞」を知るだけで、「ほうほう」できるようになるのを実感できたでしょうか。こんなふうに英文法の分類を知っておくと、その英文が「何を言おうとしているか」に気づくのに役立ちます。**「ほうほう」できたら、今知っている英語をもっとアレンジして、他の言い方もできそうってボキャブラリーが一気に広がってくるはずです**。

こうして1日1回でも「何か言いたそうな英文」に注目してみる。文法のルールを1つ知るごとにこの「ほうほう」を増やしていけば、英語力はどんどん洗練されていきます。

このルーティンを積み重ねることによって、昨日までわからなかった英語が今日はわかるようになるって、それこそ魔法みたいだと思いませんか？

ROUTINE

07

ひとりごとで
会話のテクニックを
身につける

覚えておきたい英語のあいづち

あいづちのバリエーションを持つ

ここまで、いろんな場面を想定したひとりごとのしゃべり方を紹介してきました。**ここからはリアルな会話をするときに知っておくと便利な会話のテクニックとフレーズを紹介していきます。**

ひとりごとからステップアップして、ネイティブとリアルなやりとりを始めると、ここでも「ほうほう」が増えて、ためになる知識がどんどん身についていきます。これから紹介するのは、そうやってわたしが「これって使える！」と覚えていったものばかり。**その中でもまず知っておきたいのが、「英語のあいづち」です**。

英語を学ぶ上で見落とされやすいのがこの「あいづち」の打ち方。会話は自分の言いたいことを伝えるだけじゃなくて、相手の言ったことにリアクションするのも欠かせませんよね。

でも、英語をそこそこ話せる人も、あいづちとなるとyesやuh-huh以外の言葉がなかなか出てこないことは多いようです。

というのも、日本語では相手の言うことに対して「うんうん」や「そうそう」と頷くだけで会話が進んでいきますよね？　だから、英語を話すときもついこのクセで、yes, yes（うんうん）やuh-huh（そうそう）ばかり使ってしまいやすくなります。

実は、日本語と英語には、あいづちの打ち方にも違いがあります。**英語のあいづちは、相手の言ったことに対するリアクションがメイン**。だから、yes, yes と uh-huh を使って頷いてばかりいると、相手に「ちゃんと聞いているのかな？」という印象を与えてしまいます。

英語にはいつも自分の意見が求められるという側面があって、片方が聞き役に回ってばかりいるのが不自然という感覚があるんです。相手がまだ言い終わらないうちに日本語の「うんうん」の感覚で yes, yes っていうのも、言葉を遮ってしまうので不自然なあいづちになります。

そこで、知っておきたいのがあいづちのバリエーションです。

あいづちはちょうどいいタイミングで、いろんなバリエーションを持って打つようにすると、自分の意志や意見をさりげなく挟むことができるので、相手がこちらのリアクションを見て話しやすくなります。

つまり、**あいづちの打ち方1つで会話がスムーズに進みやすくなるんです**。

英語のあいづちの打ち方

次の例文は、会話の中でこんなふうにあいづちを打つといいっていうお手本の例文です。

それぞれのあいづちフレーズにどんなニュアンスがあるか説明をつけました。これを参考にして、リアルな会話のテンポをイメージしながら読んでみてください。p.42 で紹介したように、**言葉に感情をのせて表情やジェスチャーをつけながら、しっかりリアクションするつもりでしゃべってみて！**

リアクションしながらあいづちを打つ妄想会話　07-01

OK. So, let me tell you about my morning because it was pretty crazy.
（ちょっとさ、今朝の話聞いてよ。なかなかクレイジーだったの）

Alright. I'm ready.
（おっけー。いつでもどうぞ）

First of all, I spilled coffee all over myself.
（まず、コーヒーを自分にぶちまけたのね）

Oh no.
（あーあ）

「あらら」「あら、まあ」といった感じで、大変なことがあった相手に寄り添うときに使う

Yeah. And right when I finished cleaning it up, I spilled another one.
（うん。それで掃除し終わってすぐまた新しいコーヒーをこぼしたの）

You're kidding. That sucks!
（いや嘘でしょ。最悪！）

You're kidding. は「冗談だよね？」といった意味で、日本語の「嘘でしょ？」に近いニュアンス。また、That sucks! はネイティブがよく使うスラングで、「最悪だね」という意味。相手に同情するときに使う

I should probably stay away from coffee at all costs.
（多分もう全力でコーヒーと距離をとった方がいいんだろうね、わたしは）

Haha, **probably.**
（はは、そうかもね）

「たぶんね」という意味なんだけど、maybe より確信度が高いものに対して使う。「おそらく／そうかもね」といったニュアンス

Anyways, after cleaning up all the mess, I was getting ready for work and my doorbell rang. It was my mom. She brought me my favorite sandwich.
（まぁそれでさ、全部片づけ終わって仕事に行く準備をしてたらドアベルが鳴ったの。わたしのお母さんだった。なんとわたしの大好きなサンドイッチを持ってきてくれたの）

Aww. **That's so sweet of her.**
（や〜ん。ステキすぎる）

That's sweet of her. で「彼女って優しいね」という意味

Right?（そうだよね？）より前のめりなニュアンスがある。「でしょ？」「それな？」のような意味

I know right? I went straight to heaven from hell.
（でしょ？　地獄から一気に天国よ）

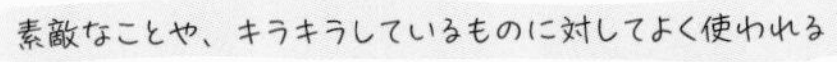

Wonderful. Well, sounds like a crazy morning indeed.
（すばらしいね。いやほんと、クレイジーな朝だったね）

Mhm.
（そうね）

口を閉じたまま「んふ」という感じで発音する。軽く肯定のあいづちを打つときによく使われる

こんなふうにリアクションしながら、バリエーション豊かに相手の話にあいづちを打つのがリアルな英会話です。

どのフレーズも頻繁に使われるものなので、相手が話す内容も含めてひとりごとで練習して、自分のものにしましょう。

あいづちは何もインパクトのある話だけじゃなくて、相手が何かを淡々と話すときにも使います。

たとえば、相手が次のように自分のことを話しているときは、相手が言い終わったタイミングで次のように短めに言うといい感じ！

相手の話を遮らずにあいづちを打つ妄想会話

07-02

OK！（なるほど）
※海外セレブへのインタビューでインタビュアーがよく使っています。

Yes！（知りたい）

So you wanna know my night routine? OK! Well, I usually start off with removing my makeup. And then I take a bath, which could be my favorite moment of the day. After a bath I moisturize my face, do some stretches, and massage my legs. Finally, I write a diary and that's the end of my night routine!

Right!（だよね！）
※「うんうん、そうだよね」と相手の言っていることを受け入れるイメージです。

Mhm.（そうね）
※ふつうのあいづちだけでなく、「どういたしまして」という意味でも使える、本当に便利な表現です。

Nice!（いいね！）
※感動したらWow! と言ってもいいです。Wow, nice! Wow, what a perfect night routine! のようにも言えます。

（わたしのナイトルーティンを知りたいのね？　OK。えっとまずは、メイクを落とすところから始まる。そしてお風呂に入る……これが１日の中で一番好きな瞬間かも。お風呂から上がったら顔を保湿して、ストレッチして、脚をマッサージするよ。最後に日記を書いて、ナイトルーティンはおしまい！）

こんなふうに、**相手の話す内容に合わせてちょうどいいタイミングで合いの手を入れるみたいに反応するのが自然な英語のあいづちです**。

yes, yes と uh-huh だけだとなんだかちょっと寂しい感じ。こうしていろんなバリエーションで反応すれば、もっと会話がいきいきして話が弾みそうな気がしますよね。

あいづちのバリエーションを持つといっても、知らない英語をたくさん覚えようとしなくて大丈夫。**あいづちの英語にも、すでに知っている簡単な英語が多く使われているのに気づけると思います**。

あいづちはグループ分けして覚える

あいづちの打ち方がわかったところで、あいづちによく使われる英語をもう少し詳しく見ていくことにしましょう。

「バリエーションを持てばいいのはわかったけど、あいづちフレーズは似たような意味の英語も多いし、どこでどれを使うか悩みそう」って思いませんでしたか？　そう思った人に向けてアドバイス。いろんなあいづちフレーズをうまく使いこなすには、**王道フレーズ５つに絞ってグループ分けしてみるっていうのが近道です**。

次の５つのあいづちは、とってもよく使われるベスト５の王道フレーズ。まず最初に、これだけサクッと覚えちゃいましょう。

「だよね」「わかる」の **Right.**
「よかったね」「すごいね」の **That's great.**
「ほんとうに？」「マジで？」の **Really?**
「たぶんね」「ありえるね」の **Probably.**
「マジか」「残念だね」の **That's too bad.**

あいづちフレーズを適材適所で使いこなすには、この５つを中心にして、それぞれ似たような意味のフレーズを集めてグループ分けしてみてください。次の図のように、**似た表現の塊で覚えておくと、会話の中で使いやすくなります**。

07-03

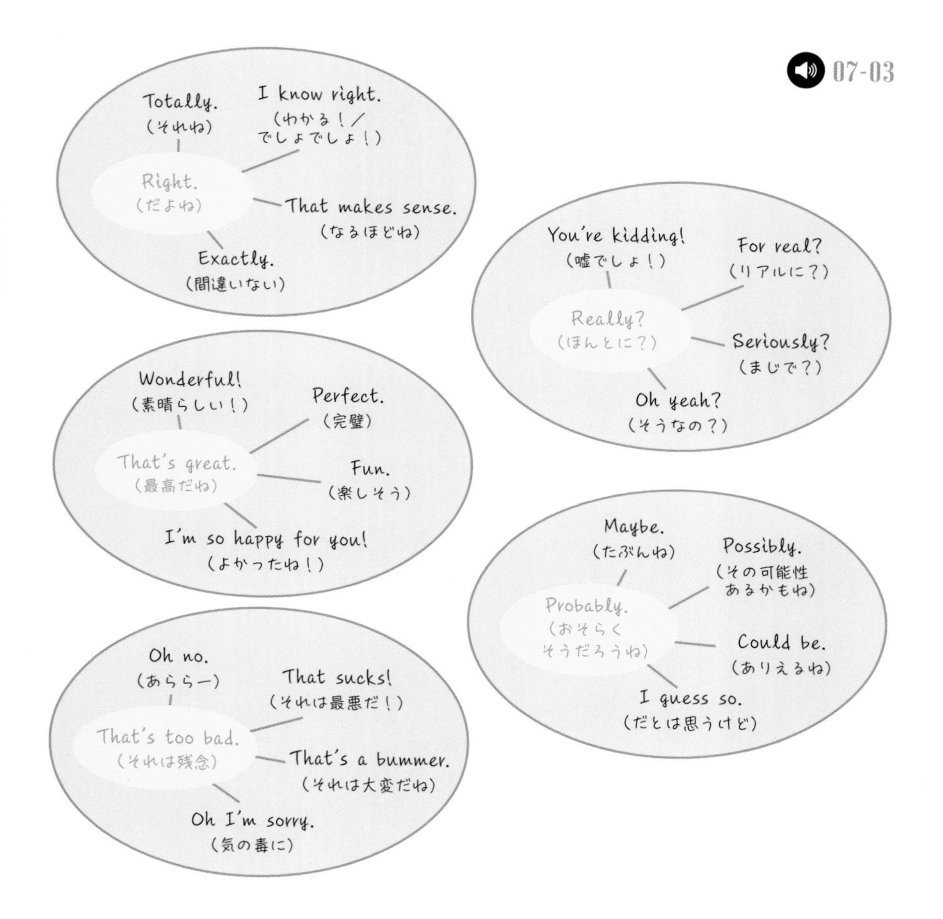

こんなふうにグループ分けすれば、「だよね」「わかる」と言いたいときはRight. 以外にもいろんな言い方ができるんだって覚えやすくなりますよね。そうして「だよね」「わかる」と言いたいシーンでRight. が頭に浮かんでも、Right. ばかり繰り返すんじゃなくて、Totally. やTrue. も織り交ぜて使うように意識してみて。そうすればネイティブっぽい自然なあいづちに近づきます。

ちなみに、Really?（ほんとうに？）に対してFor real? は「マジで？」というニュアンスになります。友だち同士で使うならFor real? って言ってみるといいかも。個々の細かいニュアンスは、ひとりごとで使う中で、焦らず、少しずつつかんでいきましょう。

会話がはずむ！魔法のフレーズ集

リアルな英会話デビューの前に……

魔法のルーティンでひとりごと英語に慣れてくると、そのうち「英会話の腕試し」がしたくなってくると思います。**ネイティブとのリアルな会話は国内にいても十分可能！** テキストの会話なら、SNSでネイティブの友だちをつくってみるっていう手もありますよね。

しゃべる会話力を磨くなら、**わたしのイチ押しはオンライン英会話です**。スマホがあれば自分の好きな時間に、場所を選ばずネイティブと会話できるのがオンライン英会話のいいところ。1日15分だけとか、休みの日だけじっくり1時間とか。**自分のライフスタイルにあったやり方で、自由にレッスンを組み立てられるので、ぜひ活用してみてください**。

でも、リアルな会話になると一気に壁が高くなって、「う～ん、言いたいことが出てこなくてもどかしい」って悔しい経験もいっぱいすると思います。

覚えておいてほしいのは、その悔しさがあとで調べるしっかりタイムにつながったり、今度は言いたいことが伝わった！っていう嬉しい瞬間を生んでいくってこと。ちょっとくらい凹んでも、「またひとりごとから始めよう」って再スタートしてみて。

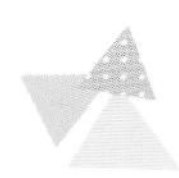

超使える魔法のフレーズを紹介

ここでは、「英語が出てこないもどかしさ」を少しでも軽くするために、**覚えておくと会話が進む魔法のフレーズを紹介します**。わたしが「これってふだんの英会話で超使うよな」って思ったものだけを厳選しました。リアルな英会話デビューする前に、ひとりごとで身につけておくことをオススメします。

▶ Hopefully

「〜だといいな」というニュアンスを追加できる便利な言葉。

Hopefully, we can hang out soon!　07-04
（近いうちに遊べると**いいね！**）

Hopefully, today is gonna be a good day.
（今日こそは、いい一日になると**いいなぁ**）

▶ By the way

「ところで」「ちなみに」「そういえば」といった意味で、話を切り出すときによく使われます。メールやSNSでは頭文字を取ってbtwと略されることも。

By the way, did you get your phone fixed?　07-05
（**ところで**、スマホ修理に出したの？）

He has a crush on you, **by the way.**
（彼、あなたのこと好きみたいよ、**ちなみに**）

▶ Literally

「文字通り」「もうほんっとに！」「マーーージで」のように、とにかく強調したいときにはこの言葉をつけるだけでOK。

07-06

My cat is **literally** perfection.
（わたしの猫は**もうほんとに**完璧でしかない）

Today was **literally** the best day ever!
（今日は**文字通り**今までで一番最高の日だった！）

▶ It happens

「よくあることだよ」という意味。落ち込んでいる相手をフォローしたいときによく使います。

07-07

A: Ugh I'm so embarrassed!
（あああ恥ずかしいよ～！）
B: Hey, don't worry. **It happens.**
（大丈夫、心配しないで。**よくあることだよ**）

▶ After you

直訳すると「わたしはあなたのあとに」となり、「お先にどうぞ」という意味です。エレベーターや扉の前でよく聞く言葉。これをサラリと口にできたら、とってもステキじゃない！？

07-08

A: **After you.**
（お先にどうぞ）
B: Oh, thank you!
（ありがとう！）

▶ That would be incredible!

「それは最高だなぁ」という意味。That would be ○○は本当によく使われる便利な表現なので覚えておいて損はナシ！　まだ起きていないことに対して、「きっと〜なことになるだろうなぁ！」と想像するようなニュアンスです。○○にはamazingやfantasticなどのポジティブな言葉も入るし、disasterやterribleなどのネガティブな言葉も入ります。単語を入れ替えるだけで、いろんな場面で使うことができます。

07-09

A: Guess what. Evan might be joining our team!
（聞いて聞いて。エバンがチームに入るかもしれない！）
B: **That would be incredible!**
（それ素晴らしいなぁ！）

▶ Do you wanna ○○？

直訳すると、「○○したい？」となりますが、会話では「○○しない？」と誰かを軽く誘うときに使う表現です。

07-10

Hey, **do you wanna** go get some food?
（ねぇ、なんか食べ物買いにいか**ない**？）

Do you wanna go for a walk?
（ちょっと歩か**ない**？）

▶ Do you happen to 〇〇？

「〇〇だったりする？」と軽いトーンで質問したいときに使える表現。

日本語でも友だち同士で話しているときにあえて曖昧な聞き方をすることがありますよね？　それと同じニュアンスは英語にもあります。

Do you happen to have a battery charger? 07-11
（充電器持って**たりする**？）

Do you happen to know the guy standing there?
（あそこに立ってる男の人、知って**たりする**？）

▶ Never mind

「気にしないで」という意味のフレーズ。たとえば、自分が言ったことを相手が聴き取れなくて、聞き返された。「でも別に、繰り返して言うほどのことでもないな」というときにはこのフレーズが便利。

A: What? 07-12
（え、なんて言ったの？）
B: **Never mind.**
（気にしないで）

他にも、何かを相手に頼んでみたけど、相手が忙しそうってときに、こんなふうにも使えます。

Oh, **never mind**! I'll do it myself. 07-13
（あ、**やっぱ大丈夫**！　自分でやるね）

▶ Good

「これいいよね」っていう、日本語でもお馴染みの誰もが知っている言葉。goodは英語でも何かと使える万能感がある言葉なんです。「いいよね」って伝えたいときは何でもgoodで伝わります。たとえば次の例文のように。

・花の香りを嗅ぎながら……

Ah smells **good**.
（あぁ**いい**香り）

07-14

・読んだ本がおもしろかった！

This book is very **good**! Must read.
（この本すごく**よかった！**　必読よ）

07-15

・昨夜観に行った映画について友だちに聞かれた

A: So how was the movie?
（で、映画どうだったの？）

07-16

まずはit was good.と言って全体評価を伝え、そこから自分の好きだったことを具体的に話すこともできる

B: Oh my gosh it was really **good**. From the characters, the music, to the script. Absolutely loved it.
（あのねもうめちゃくちゃ**よかった**。キャラクターから音楽から脚本まで全部。ものすごく好きだった）

▶ My bad

自分が間違ってたときや失敗しちゃったときに、反省を込めて「ごめん、わたしが悪かった！」みたいに使える一言。反省とはいえライトなニュアンスですね。たとえば、みんなでお鍋を食べてて間違えて七味を大量投入しちゃったときとか、友だちとサッカーして遊んでてオウンゴールしちゃったときとか……。

07-17

A: Hey! Here's the book you lent me last week.
（はいこれ、先週貸してくれた本ね）

B: Wait, I think you brought the wrong book.
（待って、違う本持ってきてない？）

A: Oops! **My bad.**
（ああっ！　**ごめんごめん**）

▶ That means a lot to me

直訳すると「それはわたしにとって大きな意味がある」となります。個人的にとても丁寧でやわらかくて大好きなフレーズ。誰かに褒めてもらったときや励ましの言葉をもらったときに、Thank you. That means a lot to me. というと、心からの感謝が伝わります。

A: I loved your performance. I think you are a true talent.
（あなたのパフォーマンス素晴らしかったよ。本物の才能だと思う）

B: Thank you so much. **That means a lot to me.**
（本当にありがとう。**すごく嬉しいよ**）

▶ No problem

「ありがとう」に対しても「ごめんね」に対しても使える便利なフレーズ。バリエーションとしては、No worries!（心配しないで！）っていう言い方もあります。

A: Thanks for doing the dishes for me!
（洗い物してくれてありがとね！）

B: **No problem.** Anytime.
（**問題ないよ**。いつでも言って！）

▶ I'm blown away

直訳すると「わたしは吹き飛ばされる」となってちょっとわかりにくいけど、要するに「吹き飛ばされそうになるくらい感動した」ってときに使えるフレーズです。映画を見たあとだったら、I was blown away by the movie. のように使います。さらに強調したいときは completely（完全に）を加えれば、I was completely blown away!（わたしものすっごく感動しちゃった！）っていう表現もできます。

A: Have you seen their new music video yet? **I'm blown away.** 07-20
（彼らの新しい MV もう見た？　**感動しちゃったよ**）
B: No, not yet! Gotta check that out!
（え、まだ！　チェックしなきゃー！）

▶ Reminds me of ～

「～を思い出させる、彷彿とさせる、似てる」という意味のフレーズ。誰かの写真を見て「あっ、〇〇に似てる」って思う瞬間ありますよね。似てる人を思い出したってときに使えます。人以外でも、何か物を見て昔を思い出したっていうようなシチュエーションでも使われます。

You **remind me of** Audrey Hepburn. 07-21
（あなたってオードリーヘップバーンに**似てるよね**）

This city **reminds me of** my childhood. So nostalgic.
（この街にいると私の小さい頃を**思い出す**。なんか懐かしいなぁ）

▶ On repeat

「リピートで」っていう意味。主に音楽や動画に対して使われます。リピートして聴きまくっている曲や、何度も見返してる動画について話すときに。インスタのストーリーなんかについて話すときに使いやすいかも！

I've been listening to this album **on repeat.** 07-22
（このアルバムを**リピートで**聴きまくってる）

I could watch this video **on repeat** forever.
（この動画、一生**リピートして**見てられる）

▶ I'll FaceTime you.

「FaceTime（フェイスタイム）するね」っていう意味の一言。英語って、何でも動詞にできちゃったりするんです。日本語でいうところの「ググる」みたいな感じ！　FaceTime の他に、次のような言い方もあります。

07-23

I'm gonna **microwave** this.
（これを**電子レンジでチンし**よっと）

Hey, can you **butter** this toast?
（ねぇ、トーストに**バター塗ってくれる**？）

▶ I'm good.

「大丈夫です」っていう意味の一言。たとえばレストランでウェイターに「お水はいかがですか？」って聞かれたら、だいたいの人は「いいえ、いらないです」よりも「大丈夫です」って言いますよね？　日本語でもよく使われるこの「大丈夫です」の英語バージョンがこちら。思いやりをトッピングして断ることができる便利なフレーズです。

07-24

A: Would you like another drink?
（追加のお飲み物はいかがですか？）

B: **I'm good.** Thank you! 

（**大丈夫です**。ありがとう！）

A: Hey, do you want some snacks?
（ねぇ、お菓子食べる？）

B: **I'm good.** I just ate a huge pancake.
（**私はいいかな**。でっかいパンケーキ食べたばっかなの）

▶ Way too ～

「～すぎる」という意味。この way という単語は、そのままだと「道／方法」などの意味ですが、実は強調したいときに大活躍する便利ワードなんです。たとえば、too slow だと「遅すぎる」っていう意味だけど、ここに way をつけて way too slow と言えば、さらに強調されて、「あまりにも遅すぎる」っていう意味になります。英語って、とにかく強調したがる言語！　大袈裟なくらい派手に表現して、気持ちや感覚を伝えることがあります。これも英語の楽しいところ♪

07-25

Way too slow.
（遅**すぎる**）

Way too expensive.
（高**すぎる**）

Way too hot.
（暑**すぎる**）

That turtle is walking **way too** slow. It's adorable.
（あのカメ、歩くの遅**すぎる**。かわいすぎる）

ちなみに、比較級と合わせてこんな強調の仕方もあります。

07-26

Way better.
（こっちの方が**ずっと**いい）

Way prettier.
（こっちの方が**ずっと**可愛い）

Way faster.
（こっちの方が**ずっと**速い）

I bought a new rice cooker and it's **way** better than the last one!
（新しい炊飯器を買ったんだけど、前のよりもこっちの方が**ずっと**いい！）

▶ Perfect

これもさまざまなシーンで使える英語です。

わたしがこの言葉を使うようになったのは、あるできごとがきっかけでした。それは、2017年に公開された映画『ディセンダント2』のキャストのソフィア・カーソンさんがプロモーションで来日したときのこと。日本語版の主題歌を歌ったわたしは、レッドカーペットで共演したんですが、バックステージでスタッフの方に説明を受けているときのソフィアさんの返答がUh-huh. OK. Perfect. Yes. Perfect.（うんうん。なるほど。いいわね。ええ。完璧よ）という感じだったんですね。perfectをたくさん使っているのが印象的で、わたしはその言葉にソフィアさんの優しさや気遣いを感じて、perfectってまさに「パーフェクト」でステキな言葉だなと思いました。こんなふうに一言であいづちにも使えるって汎用性が高いのもいい。それ以来、perfectはお気に入りの英語になりました。そして、ここぞという場面で頻繁に使うように！

モノマネから入ったけど（笑）、とっても便利な言葉だから、ぜひ覚えておいて。

07-27

A: Let's meet up at Tokyo station at 3 pm.
（午後3時に東京駅で待ち合わせしよう）

B: **Perfect.**
（**いいね**）

部屋の掃除が終わって……

OK. **Perfect!**
（よし。**完璧！**）

パワーがみなぎる魔法の名言集

最短で英語が上達する方法は「英語を好きになる」こと

いよいよ、魔法のルーティンも終盤に差し掛かってきました。ここまで読んできて、ちょっとでも英語をしゃべることが楽しくなってきたって思ってもらえていたら嬉しいです。

この本では、わたしがこれまで実践してきたことを紹介してきました。今や英語の教材は教科書や参考書だけではありません。伝えたかったことは、**発想次第で英語の学び方は無限に広がるっていうことです**。

1つでも、「こんなやり方もあるんだ」って新鮮な発見につながればと思っています。この本をきっかけにして、ぜひ自分でもオリジナリティ溢れる英語学習法を見つけてみてください。

わたしは、**英語が上達する最短の方法は、英語を好きになるっていうシンプルなことだと思います**。そして、英語を好きになる方法は人それぞれ。「これならできそう」って思えるやり方はきっと誰にでもある！　わたしなりの英語学習法の軸は、先に伝えたソフィア・カーソンさんが言ってたperfectみたいに、**「こんな言い方ってステキだな」って自分のアンテナが反応した英語を真っ先に取り入れてみるっていうことです**。

世の中には、過去の偉人やスーパースターが言ったいろんな名言が溢れていますよね？　わたしはそんな英語の名言を集めるのも大好き！　言葉のチカラって侮れなくて、今の自分にぴったりくる名言に出会ったときには、すごく励まされるものではないでしょうか？　シンプルだけど胸に響いて、くじけそうなときに心の支えになってくれるフレーズってありますよね。

そこで、最後に紹介したいのがそんな英語の名言の数々です。**英語を好きになって前向きな気持ちで学んでいけるような、パワーをもらえる言葉たちを集めてみました**。シンプルなフレーズに込められたメッセージを読み取って、英語が体に染み込んでくる感覚をもっと味わいましょう！

英語の名言を唱えて前向きな気持ちに

Dream big, stay positive, work hard, and enjoy the journey.
（大きく夢を見て、前を向いて、努力をして、そしてその過程を楽しむんだ）
——*Urijah Faber*（ユライア・フェイバー）

英語の勉強においても、過程を楽しめたらいいなって思いませんか？ 1日1つでもいいから、「今日はこれを覚えたぞ！」って成長を実感しながら楽しんで学んでいけたら、英語をもっと好きになれそう。

冒頭の「動詞＋形容詞・副詞」の表現力は無限大です。

動詞	副詞	動詞	形容詞	動詞	副詞
Dream	big,	stay	positive,	work	hard,
夢見る	大きく	とどまる	前向きに	働く	熱心に

文法としてはとてもシンプルな構造ですが、力強い響きを持った言葉ですよね。

walk fast（速く歩く）、sleep tight（よく眠る）のように、日常でもよく使われる表現なので、「動詞＋形容詞・副詞」というカテゴリーで海外ドラマなどを見てみると、盗めるフレーズが色々と見つかるはずです。

The way to get started is to quit talking and begin doing.
（スタートを切る方法は、しゃべるのをやめて動き始めることだ）

——*Walt Disney*（ウォルト・ディズニー）

これはかの有名なウォルト・ディズニーの言葉です。何かを始める瞬間って一番ハードルが高いですよね。でもそんなとき、考え込むより先にとにかく動き始めることが大切って名言は言っています。「どんなに不安でもうまくできる気がしなくても、動き始めてから見えることがある」っていう意味が込められていて、背中をポンと押してもらえるような気持ちになれますよね。この本の内容でたとえるなら、The way to get started is to stop thinking and begin speaking English.（スタートを切る方法は、考えるのをやめて英語をしゃべり始めることだ）っていう感じ！

get started は会話で頻出の表現で、Let's get started!（始めよう！）のように使われます。

Nothing is impossible, the word itself says, 'I'm possible!'
（不可能なことなんて何もないのよ。だって言葉そのものが言ってるじゃない、'I'm possible!' ってね）

——*Audrey Hepburn*（オードリー・ヘプバーン）

impossible という言葉は im possible（わたしはできる！）って言っている。ハッと気づかされて、英語のおもしろさを発見できる一言です。こうしたアルファベットをもじった言葉も英語ならではですね。

the word のあとに itself をつけることで「言葉自身が」というふうに、強調することができます。

Don't judge each day by the harvest you reap but by the seeds that you plant.
（毎日を収穫によって判断するんじゃない、いかに種を蒔いたかで判断するんだ）
ロバート・ルイス・スティーヴンソン
——*Robert Louis Stevenson*

ついつい出来高ばかりに目がいっちゃうけど、今日どれだけ種を蒔いたかっていうのが未来の結果につながってくる。今は「地味だな～」とか「これって本当に意味あるの？」って思えても、いつか収穫する日がくると信じて種を蒔き続けよう！　そんな励ましのメッセージが込められた言葉です。

英語を学ぶときも何ができるようになったかよりも、自分がどんなふうに努力したかにフォーカスすると前向きになれそう。

judgeは「断定する」といった意味です。You shouldn't judge people by their appearance.（外見で人を決めつけるべきじゃない）のように会話の中でもよく使われます。

Whoever is happy will make others happy too.
（幸せな人は誰しも、周りの人を幸せにする）
アンネ・フランク
——*Anne Frank*

誰かを幸せにしたかったら、まずは自分自身が幸せになることが第一歩って教えてくれる、『アンネの日記』で知られるアンネ・フランクの名言。ちなみにわたしはポテチがあればそれだけで割と幸せになれちゃいます（むふふ♡）。

whoever（誰でも／どんな人でも）も会話でよく使われます。気になったら「weblio」で使い方を検索してみて。たとえば、みんなでわいわいパーティをしたいって思ったときに……You can invite whoever you like!（誰でも好きな人招待していいよ！）のようによく使われる単語です。

The only impossible journey is the one you never begin.
（たった唯一の不可能な旅とは、あなたが始めなかった旅だ）
――*Tony Robbins*（トニー・ロビンズ）

「始めないことには始まらない」。シンプルな真理ですが、これがなかなか難しかったりしますよね。何かにチャレンジするときに迷ったら、お守りになってくれそうな言葉です。

実は、関係代名詞って省略されることも多々あるんです。the one you never begin は本来、the one **that** you never begin。英文法には、「目的格の関係代名詞は省略できる」っていうルールがあるんだけど、わたしはこの言葉でそれを知りました。

でもなぜ関係代名詞が省略されてるのがわかって、なおかつ自分も省略して話せるのかっていうと、何度も「ほうほう」したことで感覚が養われているから。**英語のリズムのようなものが体に染みついてくると、「ここに何か入らないと気持ち悪いな」といったことに気づけるようになります**。この感覚を身につける近道はとにかく英語をしゃべる量を増やすこと。つまり、何度も言いますがどんどんひとりごとでしゃべることが大切なんです。

Life is really simple, but we insist on making it complicated.
（人生とはとてもシンプルなものだが、人はどうしても複雑にしたがるのだ）
――*Confucius*（コンフューシャス）

これは孔子の名言でこうして英語にも訳されています。ものごとって放っておくとどんどん複雑になっちゃいがち。だからこそシンプルに、自分が楽しめる道を選ぶっていうのが一番の答えになることもある。これはわたしの人生のモットーでもあります！

It does not matter how slowly you go as long as you do not stop.
（歩みを止めなければ、その歩みが遅かろうと問題ない）
――*Confucius*（コンフューシャス）

自分だけ進むペースが遅いような気がして不安になっちゃうことってありますよね。でも、いくらゆっくりでも、前に進み続けることにきっと意味がある。そう思えてちょっと元気になれませんか？

no matter how ○○で、「どんなに○○でも」という意味。

To be yourself in a world that is constantly trying to make you something else is the greatest accomplishment.
（あなたをあなたではない何者かに変えようとする世界の中で、自分らしくあり続けることは何よりの偉業なのだ）

ラルフ・ワルド・エマーソン
——*Ralph Waldo Emerson*

自分らしくいるときの自分が一番素敵だよって励ましてくれる。オリジナリティを大切にしようっていうメッセージが込められた、アメリカの哲学者ラルフ・ワルド・エマーソンの言葉です。

something else は「他の何か」という意味なんだけど、スラングとして「変わってる」とか「素晴らしい／別格だ」みたいな意味でもよく使われるフレーズです。変わってる人に対して、Haha, she really is something else.（アハハッ、彼女は本当に変わってるね）だったり、Their Japanese food was something else!（彼らが作る日本料理は別格だったよ！）みたいに使われます。

We think too much and feel too little.
（僕らは考えすぎて、感じることをしなさすぎるんだ）

チャーリー・チャップリン
——*Charlie Chaplin*

これは英語を学ぶときの姿勢にも言えることですよね!! 言葉の意味を頭で理解するよりも、その英語のリズムや口に出したときの感じをもっと意識してみて。そうすれば「これってこんなシーンで使うのがぴったりくるな」ってだんだんとつかめてくる。

too much はとってもよく使われる聞き慣れた英語ですよね。so much がポジティブな「たくさん」という意味で使われることが多いのに対して、too much は「あまりにも多く」といった意味でネガティブなニュアンスになることが多いです。たとえば、I ate too much!（食べすぎた！）みたいに、大げさに表現するために使うこともあります。

最後に、ちょっと長文の名言にもチャレンジしてみましょう。

Twenty years from now you will be more disappointed by the things you didn't do than by the ones you did do. So throw off the bowlines. Sail away from the safe harbor. Catch the trade winds in your sails. Explore. Dream. Discover.
（今から20年後、あなたはやったことよりやらなかったことに失望するだろう。だから、はらみ網を解き、安全な港から離れ、あなたの帆で風をつかむんだ。探検し、夢を見て、発見してゆこう）

——*Mark Twain*（マーク・トウェイン）

これは『トム・ソーヤの冒険』の著者として知られるマーク・トウェインが残した言葉です。「人生は冒険！　気になったことにどんどん手を出して、好きなことを突き詰めて、失敗と成功を繰り返しながら旅を続けていこう」っていう意味が込められています。

こういう長い英文は、まだ慣れないうちはパッと見て「うぉ長い！　そしてわからん単語がいっぱいだ〜！」ってちょっとひき気味になりますよね（笑）。でも、どうどう、焦らず落ちついて……。こんなときは頭を切り換えて、「単語のストックを増やす絶好の機会だ！」と思い直して、気になる単語を調べるきっかけにしてみてください。たとえばbowlinesを検索すると、「はらみ網」という意味だってわかる。でもここで。わたしは、「はらみ網」って日本語がそもそもわからなかったからさらに調べました（笑）。こんな感じでたまに知らない日本語を発見できたりするところも、英語学習の楽しいところです！

English Routine

おわりに

EPILOGUE

Speak English like nobody's watching!

最後になりましたが、この本を手に取ってくださったみなさまへ心よりお礼を申しあげます。ありがとうございます！

この度、本を出版することになったのは、SNS などを通してファンの方々に「英語を教えて」というコメントをたくさんもらったからでした（いつも応援してくれているみんな、ありがとう♡　大好きよ !! ）。

でも実は、本のオファーをいただいたときは、「自分が英語の本 !?」ってちょっとうろたえました。っていうのも、学校の先生みたいに「目的語はこう使う」「未来完了形のルールはこう」のように、きちんと説明できる気がしなくて……。そもそも、英語を話せるようになると、英語を話せなかったときの感覚を忘れちゃうし、文法用語なんてほとんど覚えてないっていうのが本当のところなんです。

さてどうしよう……って考えていたある日、最寄り駅を歩いていたわたしの耳に、英語が飛び込んできました。見ると、アクセントから察するにイタリア人っぽいご夫婦と、アメリカ人っぽい男性が３人で立ち話をしていました。

自分たちの子どもの話をしているみたい。イタリア人っぽい男性は楽しそうに話していましたが、パッと聴いてもわかるくらい訛りが強い英語で文法もところどころめちゃくちゃ。でも、そんなことはまったく気にせずペラペラしゃべっていて、その様子がとってもチャーミングな感じ！　会話もスムーズに運んでいました。

それを見て「英語がしゃべれるってこういうことだよな」って思いまし

た。このくらい自由にしゃべっていいと思ったんです。

英語はあくまでコミュニケーションの手段だから、キレイな英語じゃないとしゃべっちゃいけないなんてルールはありません。ちょっとくらいぎこちなくても、それが個性的に映ることもある。それに、心の中で「ここって to を使うんだっけ？　いや、at かも……」みたいに迷いながら自信なさげに話すより、自分が知ってる英語をフル活用して相手とコミュニケーションをとりたいっていう気持ちでのぞんだ方が、言いたいことは伝わりやすくなると思います。

そこで、あれやこれやと考えた結果、文法の法則や英語の細かい決まりごとを解説するよりも、どんな方法で英語を学ぶかに焦点を当てて、わたしが実際にやって身になったことだけをぎゅっと詰め込んだ一冊にすることにしました。

魔法にかかるかどうか、それを決めるのは……

勉強してる時間って、「未来のために今を犠牲にしてる」って思いやすいですよね。でもそうじゃなくて、「なんで飽きちゃうんだろう？　どうやったらもっと楽しく学べるかな」って頭に切り替えれば、自由な発想が生まれてくると思いませんか？　**今この瞬間も、二度と戻らない大事な時間だから楽しもうっていう気持ちで、勉強にも取り組めたらステキです。**

本書で紹介した魔法のルーティンは、お金もかけずに特別な時間もとらずに今すぐ始められて、続けていれば必ず実力がついてきます。そして、思ってる以上に知らない言語を話せるようになるって楽しいことだから、この本を通してそれを少しでも実感してもらえたらと思っています。

言うまでもなく、魔法のルーティンは続けることが最重要。続けた人と途中で止めちゃった人とでは、半年、いえ月ごとの単位でも、明確な差がついてくると思います。

つまり、魔法にかかるか、かからないか、最後はあなた自身が決めるっていうことです。

この本が、あなたの「なりたい自分」を叶える一助となることを願っています。

STAFF

装丁　菊池 祐

カバーイラスト　坂本 奈緒

本文イラスト　やの ひろこ

DTP　山口 良二

校正　鷗来堂

音声収録　ELEC

編集協力　山本 櫻子

写真　小澤 彩聖

スタイリスト　馳尾 潤子

ヘアメイク　竹中 真奈美

〈衣装協力〉

オリエンタルトラフィック（ダブルエー）　0120-575-393

著者／Miracle Vell Magic（ミラクル・ベル・マジック）
アーティスト／動画クリエイター。
東京生まれの日本人。
自身が脚本・キャラクター演出までも務めた「ようこそ、ユメミルユガミノ国へ。」を上演し、１人33役100分という前代未聞のオリジナル舞台で2015年にアーティストデビュー。
大のディズニーファンであり、2017年にはディズニー・チャンネル・オリジナル・ムービー『ディセンダント2』の日本語版劇中歌を担当。
脚本・歌・演技・編集まで、独自のセンスで展開するクリエイティブと、そのエンターテイナー振りでSNSの動画総再生回数は１億回以上！
「Let It Go」を歌うYouTube動画は驚異の4000万再生超えを記録。
高校卒業後に「ネイティブよりネイティブな英語をしゃべれるようになる」という目標を掲げ、ひとりごと英語を中心に独自の方法で英語を学び始める。海外アーティストのインタビューや英語での作詞など、英語力を生かした活動も多岐にわたる。

英語(えいご)が話(はな)せる人(ひと)はやっている
魔法(まほう)のイングリッシュルーティン

2021年7月16日　初版発行

著者／Miracle(ミラクル) Vell(ベル) Magic(マジック)

発行者／青柳 昌行

発行／株式会社KADOKAWA
〒102-8177　東京都千代田区富士見2-13-3
電話　0570-002-301(ナビダイヤル)

印刷所／株式会社 暁印刷

●お問い合わせ
https://www.kadokawa.co.jp/（「お問い合わせ」へお進みください）
※内容によっては、お答えできない場合があります。
※サポートは日本国内のみとさせていただきます。
※Japanese text only

定価はカバーに表示してあります。

ISBN 978-4-04-605004-5　C0082